KB089944

지금, 한국이 알아야 할

진짜 중국 이야기

지금, 한국이 알아야 할

진짜 중국 이야기

초판 1쇄 인쇄일 2023년 05월 26일
초판 1쇄 발행일 2023년 06월 02일

지은이 여지희 박정우 박진우 우광식
펴낸이 양옥매
디자인 표지혜
마케팅 송용호
교　정 금영재

펴낸곳 도서출판 책과나무
출판등록 제2012-000376
주소 서울특별시 마포구 방울내로 79 이노빌딩 302호
대표전화 02.372.1537　팩스 02.372.1538
이메일 booknamu2007@naver.com
홈페이지 www.booknamu.com
ISBN 979-11-6752-320-4 (03300)

Real

Stories of

China

지금, 한국이 알아야 할

진짜 중국 이야기

여지희 | 박정우 | 박진우 | 우광식 · 지음

일러두기

* 이 책에 나오는 인명 대부분은 국립국어원의 외래어 표기법에 따랐습니다. 중국의
  지명과 인물, 사물의 명칭은 중국어 발음에 따라 표기했습니다. 한국인에게 익숙
  한 단어는 중국어를 한국어 독음으로 일부 병기했습니다.

  [예] 팽덕회 → 펑더화이(彭德懷, 팽덕회), 인민일보 → 런민르바오(人民日報, 인
  민일보), 섬서(陝西) → 산시성

서문

──

필자[1]는 대한민국 국민이다. 중국에서 태어나 중국에서 대학을 마쳤고, 한국에 귀화했다. 언젠가부터 중국은 한국에서 가장 민감한 주제가 되었다. 강연장에서든 사석에서든. 이것은 중국에서도 마찬가지다. 중국에 대한 이야기가 나오면 한국 친구들의 시선은 자연히 내게로 향했고, 중국에서 한국 이야기가 나와도 마찬가지다.

중국에서 자라 한국에서 사는 나의 견해를 묻는 것 같지만, 실상 그 시선의 본질은 '당신은 누구 편이냐'는 것과 다름없었다. 중국에 대한 한국인의 부정적인 정서와 한국에 대한 중국인의 부정적인 정서는 각종 국제 여론조사 기관의 조사에서도 확인할 수 있다. 문제는 20~30대 계층, 즉 미래 질서를 주도할 양국 젊은이들의 부정적인 시선이 높다는 사실에 있다.

──────

1 여지희. 대표 저자로 4인의 공저인 이 책을 책임 집필하였다.

2000년을 목전에 두었던 한국에게 중국은 과도한 초과투자와 후발국들의 도전, 임금 상승으로 인한 국가 경쟁력의 저하, 즉 '중진국의 덫'을 벗어나게 해 준 가장 강력한 버팀목이었다. 일본이 한국으로 소재와 부품을 수출하면 한국이 이를 중간재(부품·반제품)로 만들어 중국에 수출했고, 중국은 이를 완성품으로 조립·가공해서 세계시장으로 수출했다. 이 환상의 '3각 분업구조'가 한국을 1인당 국민소득 3만 달러의 선진국으로 도약시키는 핵심 동력이었음을 부인하는 경제학자는 없다.

하지만 이제 양국의 관계는 도전받고 있다. 핵심은 미·일을 중심으로 한 인도·태평양 전략에의 동참 여부다. 원래 인도·태평양 전략의 최초 주창자는 2017년 일본의 아베 총리다. 중국의 부상으로 인한 세계 무역 질서의 편중과 동조화 현상, 그리고 무엇보다 '자유주의'라는 가치를 공유하는 국가의 단결을 주창한 것으로, 애당초 반중 전선 형성을 목표로 한 것이다.

미국은 기존의 오바마 행정부 시절까지 유지하던 '아시아·태평양 전략'을 수정해 트럼프 행정부부터는 '인·태 전략'이라고 부르며 이 개념을 국가 전략으로 받아들였다. '아시아'에서 '인도'로 명칭이 바뀌었다는 것은 중국과 중국의 동맹을 제외한 아시아 국가를 묶겠다는 뜻을 분명히 드러낸 것이다.

2022년 2월 백악관은 인도·태평양 전략을 발표하면서 그 이유로 '중국의 도전 때문'이라는 점을 분명히 적시했다. 구체적인 실행

안으로는 퀴드(Quad)[2] 강화뿐만 아니라 인도 · 태평양 경제프레임워크(IPEF) 출범, 한 · 미 · 일 3각 협력 강화 등을 내세웠다.

그리고 2022년 11월 인도네시아에서 열린 한 · 아세안 정상회의에서 윤석열 대통령은 '인도 · 태평양 전략'이라는 표현을 공식적으로 처음 사용했다. 이 표현이 반중 전선에의 동참이라는 것은 국제사회가 너무나 잘 알고 있기 때문에 한국 정부는 그동안 이 표현을 사용하지 않았다. 한 · 아세안 정상회의에서 윤 대통령과 시진핑 주석은 25분간 만났다. 이 자리에서 시 주석은 "진정한 다자주의를 함께 만들어 세계에 더 많은 긍정적인 에너지와 안정성을 제공하기를 원한다."는 원칙을 언급했고, 윤 대통령에게 "인 · 태평양 전략" 참여의 진위를 재차 확인했다는 후문이다.

앞으로도 한중 양국의 관계를 흔들 악재는 많다. Chip4 동맹에 대한 참여, 대(對)중국 반도체 장비 수출 규제 및 한국의 중국 반도체 공장 철수 압력, 사드(THAAD) 추가 배치 등. 그리고 좀 더 구조적으로는 무역 질서의 재편 문제이다. 한국의 대중국 무역 적자가 2022년 11월 이후 정점을 갱신하고 있으며, 중간재에 대한 한국의 기술 독점력도 망실되어 가고 있다.

국제 질서 변화에 대한 통찰력이 없으면 양국 관계의 변화가 미세

---

2 미국 · 일본 · 인도 · 호주 안보협의체.

먼지나 코로나, 한복과 김치 논쟁, 중국공산당에 대한 부정적 인식 때문인 것으로 오해하기 쉽다. 이 경우 일방의 잘못으로 관계가 악화된 것으로 생각하기 쉽다. 만약 어느 일방의 태도 개선으로 양국 관계가 좋아질 수 있다면 이 문제는 심각한 것이 아니다.

한중 관계는 미국 중심의 태평양 패권과 대륙 세력인 중국이 급부상하면서 발생한 문제라는 점에서 그 복잡함이 있다. 중국의 급부상으로 인한 질서 재편을 막으려는 미국의 조바심은 한국을 치열한 전장으로 부르고 있다. 세계 유일 패권국 미국의 힘은 빠지고 있다. 그래서 주도적으로 세계를 하나의 경제권으로 통합했던 미국은 이제 자신이 만든 이 '세계화'를 부수고 있다.

지난 몇 년간 국제통상 원칙을 어기면서까지 가장 많은 금수조치와 보호주의 행정명령을 내린 나라가 바로 미국이다. '인플레이션 감축법'과 '반도체 육성법'을 제정한 미국이 한국의 전기차와 반도체에 대해 어떤 대접을 하고 있는지만 봐도 미국의 변화는 쉽게 알 수 있다. 팬데믹 기간 미국은 그간 자신들이 얼마나 많은 상품을 중국에 의존하고 있었는지를 알게 되었고, 특히 4차 산업혁명 시대를 견인하고 있는 반도체 제조에 있어 자국의 손에 지닌 것이 아무것도 없음을 새삼 깨닫게 되었다.

미국이 하나의 중국 원칙을 인정한 바탕 위에서 1979년 중국과 수교하고, 2001년 중국을 세계자유무역기구(WTO)에 편입시킬 당시만 하더라도 미국엔 하나의 환상이 존재했다. 자유무역 체제로의 편입으로 인한 중국의 개혁·개방은 필연적으로 소비에트의 붕괴나 이에 필적할 만한 체제 변화를 가져올 것이라는 낭만적 환상이었다. 미국의 결정적 오판은 '중국의 군사력과 경제력의 성장이 20년 만에 미국을 위협할 수준으로는 결코 오르지 못할 것'이라는 판단이라는 것이다. 하지만 지금 중국은 명백히 '굴기(崛起)'했다.

1949년 10월 1일, 마오쩌둥은 톈안먼(天安門) 광장에서 신중국 건국을 선포하며 "모든 중국 인민은 일어섰다(全中国人民从此站立起来了)."고 외쳤다. 하지만 마오쩌둥 시대 중국은 내전을 수습하기도 전에 한국전쟁에 참전해야 했고, 대약진운동과 문화대혁명으로 소중한 시간을 허비해야 했다.

개혁개방 정책을 추진한 덩샤오핑은 미국을 위시한 서방의 힘을 객관적으로 성찰했다. 그는 도광양회(韜光養晦)[3]를 유훈으로 남겼고, 이를 계승한 장쩌민과 덩샤오핑이 10년을 앞서 차기 지도자로 낙점했던 후진타오 국가주석 역시 이를 따랐다. 덩샤오핑 집권(1983년) 이후 30년간 중국의 대외정책은 '평화굴기(平和崛起)'였다. 중국은 각종 국제기구에 참가해 국제적 영향력을 높였고, 남방아시아와 아프리카에 대한 경제 외교로 중국식 소프트파워를 키워 갔다.

이제 시진핑 국가주석은 "위대한 중화민족의 굴기"를 표명하고

---

3 자신의 힘이 능히 강하질 때까지 재능과 명성을 겉으로 드러내지 않고 참고 기다린다는 중국의 대외정책.

9

있다. 건국 100년이 지나는 2050년경에는 미국을 제치고 세계 1위 국가로 굴기하겠다는 계획이다. 양안 정책 또한 마오쩌둥 이후 처음으로 적극적인 통일을 선언했다.

중국공산당 창건 100주년이었던 2021년 기념식에서 그는 "양안 문제를 해결하고 조국 통일을 실현하는 것은 중국공산당의 역사적 책무이자 중화민족의 염원"이라며 70년간 끝내지 못한 내전(內戰)을 '대만 통일'로 종료시키겠다는 의지를 표명했다. 이후 2022년 제20차 중국공산당 당대회 개막식에선 "평화통일을 위해 노력하겠지만, 무력 사용을 포기한다는 뜻은 아니다."라면서 간섭하는 외세와 대만 독립을 주창하는 분열세력에 대해선 "무력 사용을 배제하지 않을 것"이라고 못 박았다.

이러한 변화가 중국 지도자의 리더십(철학)의 차이에 의해 발생한 것으로 보는 전문가들도 있지만, 더 많은 국제관계 전문가들은 중국 지도자들이 받고 있는 역사적 압력이 이러한 변화를 만들고 있다고 진단한다. 즉, 중국인의 가슴속에 시리게 박혀 있는 백년국치(百年国耻)[4]를 실질적으로 끝내고 명(明)·청(淸) 대의 중화민족의 위용을 세계에 떨치겠다는 것이다.

---

4 1839년 시작된 아편전쟁으로부터 1949년 신중국 창건까지 한 세기가 넘는 기간 동안 중국이 서양과 일본 제국주의에 침탈당한 것을 일컫는다. 1915년 일본의 21개조 요구를 중화민국 위안스카이의 북양정부가 받아들이자, 중국 국민당과 중국공산당을 중심으로 이에 반발하는 애국주의 운동이 일어나면서, 중국의 상황을 빗댄 백년국치란 용어가 널리 퍼지게 되었다.

명나라는 한족의 마지막 통일 왕조였고, 청나라는 중국의 영토가 가장 넓었던 마지막 통일왕조다. 마오쩌둥 이래 중국의 지도자들은 중국 최초의 통일 황제 진시황(시황제)의 위업을 보전하고 발전시켜야 한다는 압력을 받아 왔다. 실제로 마오쩌둥은 자신을 마르크스와 진시황을 합친 지도자로 표현하길 좋아했다.

마르크스는 인민을 위해 세상을 바꾸는 혁명 지도자를 뜻하고, 진시황은 사상적 분열과 지방의 분리를 강력하게 통제할 수 있는 힘을 상징한다. 내전에서 패퇴해 대만으로 도망갔던 장제스 국민당 정부의 근거지인 대만을 통일하는 것은 이 '통일국가'로서의 '하나의 중국'을 완성한다는 역사적 의의를 가지고 있다.

윤석열 정부의 재임 기간은 미·일과 중국이라는 거대한 대결 축을 기본으로 한반도의 한국과 북한의 중대한 국가 이익이 결정되는 시기다. 일본이 일찌감치 반중국 정책을 주도했다면, 한국의 이해관계는 분명 다를 것이다. 한국은 대륙과 해양 세력 사이에서 편들기가 아닌 자주적이며 주도적인 역할을 할 수 있을 만큼 강한 나라다. 한국이 주도적으로 나서면 오히려 중국 정부와 미국 정부가 한국을 잃을까 조바심이 날 것이다.

미국이 한국에게 원하는 것은 미·일 군사동맹에 한국이 참여해서 대중국 전선을 구축하는 것이지만, 중국이 원하는 것은 단순한 중립이다. 중국 편에 서 달라는 것이 아니다. 그리고 일부 독자는 믿지 않겠지만, 이는 한국과 중국의 핵심 이익과 일치한다. 적어도 동북아 권역에서 평화를 기초로 한 지속적인 성장이다.

중국의 대한반도 정책의 핵심은 '안정을 위한 평화적 관리'다. 그리고 한국에게 가장 좋은 비전은 종전 협상과 북미 수교를 통해 한반도 전역을 통상의 전초기지로 활용하는 것이다. 한국의 경제력과 세계에 대한 문화적 영향력을 고려한다면 이런 발상은 절대 헛소리가 아니다. 언젠가 BBC의 탐사전문기자 말했다. "한국의 영향력을 과소평가하고 있는 자들은 오직 한국인밖에 없다"고.

1991년 한중수교 이후 32년이 지나고 있다. 그동안 한국에서는 중국의 속살을 들여다볼 줄 아는 뛰어난 역량의 석학들이 중국을 연구했고, 중국에 대해 객관적 사료를 바탕으로 특색 있게 풀어놓은 좋은 저작들이 시중에 나왔다.

평생 중국을 놀이터 삼아 연구한 성공회대학교 김명호 교수의 『중국인 이야기』 시리즈(한길사, 총 8권)나 중국의 정치체제와 작동 방식을 연구한 조영남 서울대 국제대학원 교수의 『중국의 통치제제』(21세기북스, 총 2권), 2011년 중국공산당 창건 90주년을 앞두고 해제된 중국 정부의 기밀문서를 연구해서 중국공산당과 신중국 건설 과정을 책에 담아 소개했던 언론인 현이섭의 『중국지』(인물과사상사, 총 3권), 자타가 공인하는 중국 철학과 역사 전문가인 도올 김용옥의 『도올의 중국일기』(통나무), 『도올, 시진핑을 말한다』(통나무) 등이 바로 그것이다.

물론 당연히 필자의 연구는 이에 조금도 필적하지 못한다. 중국에서 자랐지만, 중국을 학술적으로 연구한다는 것은 전혀 다른 범주다. 뉴욕의 한국학 박사가 서울에서 70 평생을 산 노인보다 더 많은 정보와 인식의 틀을 가지고 있는 것과 같은 이치다.

다만 필자는 중국을 바라보는 새로운 눈을 독자들에게 제공하고 싶었다. 서방의 일방적인 시각이 아니라 "아하, 중국은 그래서 이렇게 생각하는구나!"라는 중국에 대한 내재적 접근법을 통해 한국인에게 보다 본질적이고 새로운 관점으로 중국을 소개하고자 했다. 특히 일방적인 정보의 홍수 속에서 갈피를 잡지 못하고, 오직 언론을 통해서만 중국 정보를 소비하고 있는 젊은이들을 생각하며 집필했다.

이 시대 중국을 알아야 하는 이유는 학술적 목적만은 아니다. 한국과 같이 민중의 힘으로 민주 정권을 수립한 찬란한 역사를 가진 국가는 자신의 미래 전략을 채택하는 데 있어 국민의 의사가 대단히 중요하다. 해양 세력과 대륙 세력의 첨예한 대결장이었던 한반도는 국제 질서의 변화에 민감하고 주체적인 판단 능력, 국익 중심의 혜안을 지닌 지도자를 얻었을 때 크게 융성했다. 중국과 미국, 러시아, 북한, 일본의 변화를 이해한 바탕 위에서 자주적인 국가 전략을 실행할 때 '한민족의 꿈'은 실현될 수 있을 것이다.

여기서 '한민족의 꿈'에 대해 다양한 해석이 있을 수 있다. 적어도 필자가 이해하는 한민족의 꿈은 다음과 같다. 침략하진 않아도 침략당하진 않을 만큼의 강한 힘으로 평화와 주권을 수호하고, 조국을 평화적으로 통일하며, 뛰어난 문화의 힘으로 세계 인류에 영감을 주고, 75년 분단의 상처를 스스로의 힘으로 치유하고 극복해 국제사회에서 평화와 민주주의의 상징으로 한민족이 자리 잡는 것이다.

한국의 일부 지식인은 중국식 사회주의를 '적색 자본주의 왕조'라고 폄하하기도 한다. 외형은 사회주의 국가지만, 그 시스템의 본질은 자본주의 국가들보다 더 자본주의적이며 다른 점이 있다면 공산당이 절대적 권력으로 관리하며 그 이념의 중심은 '사회주의'가 아닌 '중화주의'라는 뜻을 표현한 말이다. 과연 그럴까? 중국을 이해하는 데 있어 단순성만큼 위험한 것은 없다. 중국공산당의 역사와 그 운영의 속살을 보지 못하면 아마도 중국의 변화를 읽어 낼 수 없다.

중국의 속살을 이해하기 위해선 중국공산당의 역사와 지도자의 통치철학, 시대를 바꾼 사건들을 알아야 한다. 그렇다고 1949년 이래의 역사를 모두 여기에 담을 순 없다. 필자는 한국인에게 잘 알려지지 않은 역사적 사건과 그 배경 중에서 중국을 온전히 이해할 수 있는 단서를 담은 이야기를 선별했다.

신중국의 역사와 중국공산당이 큰 족적, 무엇보다 중국의 변화를 추동하는 힘과 중국을 지탱하는 시스템에 대해 한국인도 쉽게 이해할 수 있도록 서술했다. 현실 문제로 돌아와선 최근의 러시아 우크라이나 전쟁과 신냉전, 양안 문제에 대한 이해, 그리고 중국 문화예술 산업의 현주소까지 살펴보았다.

이 책으로 인해 한국의 독자들이 중국의 내밀한 속살을 이해할 수 있었으면 좋겠다. 아는 만큼 보인다고 했다. 한국과 중국은 숙명적으로 함께 걸어가야 하는 이웃 나라이다. 서로에 대해 조금 더 진지하고 차분하게 알아 가다 보면 두 손을 맞잡고 공동의 지향점을 향해 웃으며 갈 수도 있을 것이다.

2023년 5월
공저자를 대표해서 여지희 드림

1장 백년국치와 30년 대란

2장 100년의 꿈과 차이나 모델

3장 이미 시작된 전쟁

4장 중국의 문화예술

C

H

I

N

A

백년국치와
30년 대란

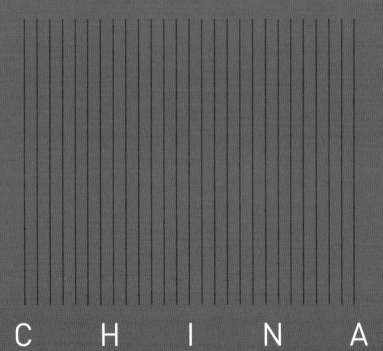

C H I N A

왜 중국은 망하지 않았는가

1921년 7월 23일, 13인의 중국 지식인이 프랑스 조계 사립학교인 박문여학교에 집결했다. 그들은 7월 23일에서 31일까지 밀정들의 염탐을 피해 장소를 옮기며 대회를 진행했다. '중국공산당 제1차 전국대표대회(창건대회)'였다. 대회에선 당 창건 선언을 채택했다. 선언은 "지금까지 존재하는 모든 역사는 계급투쟁의 역사다."로 시작해 혁명을 통해 정부를 타도해 노동자 독재국가를 수립한 후 국내외 자본가의 자산을 몰수해 사회주의 경제를 건설하자는 내용이었다.

그리고 선언의 말미는 마르크스의 유명한 슬로건인 "노동자가 잃는 것은 쇠사슬 뿐, 얻는 것은 전 세계다."라는 문구로 끝을 맺었다. 당시 중국공산당의 당원은 50여 명이었고, 1925년까지도 300여 명에 불과했다. 모래알 한 점보다 적은 역량이었고, 다수가 지식인 계층이었다.

그리고 2021년 7월 현재 중국공산당원은 9,500만 명의 집권당으로 중국을 '영도'하고 있다. 1991년 소련은 붕괴했고, 동구 사회주의 국가와 유사 사회주의 노선을 따르던 나라들 역시 소비에트 붕괴의 충격에 덩달아 무너졌다. 예외가 있다면 중국과 북한, 쿠바 정도다.

최근 국제관계 연구자와 정치학자들에게 흥미로운 주제 중 하나는 '중국의 정치체제를 어떻게 볼 것인가'였다. 이 문제는 지금까지도 매우 논쟁적인 주제다. 중국의 정치체제(차이나 시스템)가 흥미로운 이유는 공산당의 강력한 일당 영도체제를 구축하고 있으면서도 민중봉기에 의해 붕괴하지 않았고, 경제 발전을 그야말로 '눈부시게' 성취했다는 점에 있다.

1978년 중국의 1인당 국민소득은 156달러에 불과했고 국내총생산(GDP)은 1,495억 달러였다. 하지만 2020년에는 1인당 국민소득 1만 500달러로 67배가 증가했으며, GDP는 14조 7,000억 달러로 98배가 증가했다. 절대 빈곤층은 1978년 당시 7억 7,000만 명이었는데, 이는 당시 중국 인구(9억 6,000만 명)의 82% 수준이었다. 2000년대 중국이 G2로 올라서자, 중국의 경제력(국민총생산)이 조만간 미국을 넘어설 것이라는 근거(지표)가 매년 나왔다. 2024년에 중국은 미국의 GDP를 추월할 것이라는 전망이 많다.

중국을 잘 모르는 일부 한국의 전문가들은 중국 성장의 요인을 엄청난 인구에서 비롯된 값싼 노동력과 국가가 주도하는 (군사)산업기술 도용과 같은 문제로 설명하려 한다. 하지만 인도와 러시아를 여기에 대비하면 중국의 부상을 그저 인구·지리적 측면으로만 설명하기 어렵다.

인도의 인구는 이미 중국을 추월했다. 1980년대 1인당 국민소득이 265달러로, 중국보다 100달러 정도 많았다. 하지만 2020년 기준 인도의 1인당 국민소득은 1,961달러이고 국내총생산은 2조 7,000억 달러다. 모두 중국의 5분의 1 수준이다. 분명 인도는 무섭게 성장할 것이 분명하지만, 중국을 따라잡긴 어려울 것이다.

물론 중국의 앞에 비단길만 있는 것은 아니다. 중국을 위협하는 암울한 그림자도 있다. 미국의 강력한 제재로 인한 반도체 ICT 기업에 대한 제재와 양안 통일 과정에서 미국과의 전면전 가능성, 그리고 도농 간의 격차(빈부 격차)와 관료들의 부패, 개도국이 선진국으로 가는 노정에서 주저앉고 마는 '중진국의 덫' 등이 그것이다. 이 대목은 이후에 다루기로 하자.

연구자들의 질문은 다음과 같은 것이었다. 중국의 지도력(리더십)은 어디서 나오는가. 중국식 영도력의 핵심에 대한 질문이다. 일반적인 독재체제와 달리 유연한 정책 변화가 가능한 이유가 무엇인가. 1인 1표로 선출직 공직자를 선출하는 직접민주주의는 과연 중국식 정치제도보다 우월한가. 이런 질문들을 조금 거칠게 표현하자면 "왜 중국은 망하지 않는가?"라는 것이다. 우선 중국공산당 창건 100주년을 맞아 당의 유력한 필진들이 주장하는 '중국공산당이 강성해진 이유'는 다음과 같다.

우선 1920년대 압도적 물리력과 인적 자원, 적어도 5만 명이 넘는 당원을 보유했던 국민당 정부를 붕괴시키고 대륙을 통일한 힘은 인민주의에 있다는 것. 부패한 국민당 간부가 인민을 가혹하게 수탈할 때 홍군은 인민 속으로 들어가 그들과 동고동락했기에 소수의 공산당이 내전을 통해 승리할 수 있었다는 것이다.

다음으로 과감한 변화와 혁신이다. 1935년 마오쩌둥과 중국공산당군은 200만 장제스 국민당군의 포위섬멸전을 돌파하며 끝내 산시성의 옌안으로 근거지를 옮겨 역량을 보존하는 데 성공했다. 18개의 산맥과 24개의 강을 건너 홍군과 적색지구 인민이 걸은 총 거리는 1만 5,000여㎞였고 참여한 연인원은 10만 명 이상이었다.

성시에서의 폭동 전술과 근거지를 포기한 전략이었기에 당 내부에서도 논란이 많았지만 마오쩌둥은 이 세기의 탈주전을 감행했다. 원래 '장정'은 토벌을 위해 타국으로 군대를 이동시키는 것을 의미한다. 말이 좋아 장정(長征)이지, 이 시기 홍군은 그야말로 살아남기 위해 걸어야 했다. 1만 5,000㎞를 이동했기에 중국 벽지의 수많은 농민을 만날 수 있었고, 토지개혁을 단행하던 홍군을 만난 인민들은 새 세상에 대한 꿈을 꿀 수 있었다.

이 기간 당원들은 육체적·사상적으로 단련되었고 기회주의 세력과 소비에트 코민테른의 명령을 주술처럼 받아 집행하던 사대주의 세력 역시 떨어져 나갔다. 문화대혁명과 대약진운동으로 인해 처참하게 멸실된 국가 동력을 '개혁개방'으로 돌파한 덩샤오핑의 과감하고 유연한 지도력이 있었다.

세 번째는 시대적 요구에 부응하는 유능한 지도자의 등장이다. 마오쩌둥은 중국공산당의 사상적 기초를 마련하고 중국을 통일했으며, 덩샤오핑은 내전과 문혁, 대약진운동, 항미원조[5](抗美援朝, 한국전쟁)로 지친 중국 인민에게 생존의 길을 열었다.

그리고 장쩌민 주석은 중국공산당 최초로 "중국공산당은 중국의 선진생산력(자본과 기업가)을 대표하고 선진문화의 발전을 대표한다."고 천명해 중국에 대한 외국인 투자자들의 의구심을 씻어 냈다. 공산당이 노동자와 농민에 더해서 기업인을 대표한다는 이 '3자 대표론'은 천안문 사건으로 인한 서방의 제재와 자본의 불안을 잠재우는 데 크게 기여했다.

이이서 권력을 승계한 후진타오 주석은 급격한 경제성장 과정에서 낙오된 내륙 지역과 궁핍한 계층을 중간층으로 편입하기 위해 뒤돌아보지 않고 질주하던 중국 경제 시스템을 수정하기 위해 노력했다.

이렇듯 공산당 총서기가 교체될 때마다 중국공산당은 새 노선을

---

5 미국에 대항해서 조선을 지원한다는 것. 중국은 한국전쟁의 공식적 참전을 표명하지 않았다. 대신 내부에선 항미원조라는 표현으로 참전의 정당성을 알렸다. 참전한 이들 역시 '지원군'으로 불렸다. 항미원조는 지금도 중국인에겐 '한국전쟁'을 뜻하는 단어다.

인민에게 제시했고, 그 노선의 상당 부분은 전임자의 정책 실행 과정에서 생긴 모순을 해결하는 것이었다. 경제노선을 둘러싼 당내 갈등이 내란 수준(보시라이 사건)까지 번진 적도 있지만, 중국 집단지도 체제의 생명력은 여기에 있다.

시진핑 주석은 중국을 세계의 중심으로 올려 세웠다. 남방아시아·아프리카·중동·러시아 등 새로운 세계 질서에 찬동하는 국가와의 친선과 동맹 외교를 강화해 중국을 세계 질서의 중심으로 발전시켰으며, 4차 산업혁명 시대에 걸맞은 ICT 기반 산업구조로의 개편에 성공했다. 물론 공산당 창건 100주년을 기념하는 자체 평가이기 때문에 이에 동조하지 않는 해외의 연구자들도 있을 것이다.

필자는 중국공산당이 망하지 않고 약진을 거듭할 수 있었던 원인을 주의주의(主義主義)[6]에 휘둘리지 않고 역사와 현실을 통해 교훈을 얻는 실사구시 정신에 있다고 본다. 대약진운동·문화대혁명의 실패와 소비에트 해체와 천안문 사태로부터 교훈을 얻어 과감한 혁신에 성공했기 때문이다. 그 씨앗은 중국공산당의 가장 암울했던 시절인 1976에 발화되었다.

1976년은 짙은 암흑 속에서 중국공산당이 자신의 진로를 결정해야 했던 시점이었다. 한 가지 분명한 것은 마오쩌둥의 신중국 건설

---

6 사상과 철학을 자구 그대로 맹목적으로 섬기며 실행하려는 태도를 중국에선 주의주의라고 칭한다.

노선은 처절하게 실패했다는 점이었다. 정치 시스템도, 농업과 경제도 모두 달라져야 했다. 문제는 당시 중국이 참고로 할 수 있는 사회주의적 모델은 소련의 집단 노동에 근거한 계획경제밖에는 없었다는 점이다.

왜 1976년인지 궁금해하는 독자들이 있을 것이다. 1976년은 1949년 신중국 건설을 주도했던 마오쩌둥 주석과 저우언라이(周恩來, 주은래) 총리, 영원한 총사령관 주더(朱德, 주덕)와 같은 원훈(元勳)들이 사망하며 한 시대가 저물어 갔던 지점이다. 그 기간 중국은 한국전쟁 참전, 대약진운동, 문화대혁명으로 쇠약해질 대로 쇠약해진 상태였다.

무엇보다 미래에 대한 전망이 없었기에 중국 당사(黨史) 연구자들은 이 시기를 '중국의 암흑기'로 규정하곤 한다. 이 어둠은 대약진운동이 발의되었던 1958년에 시작되어 1966년 문화대혁명으로 핏빛을 더해 그 누구도 씻어 낼 수 없을 것으로 보였다. 문제는 이 암흑 다음에 올 것이 새벽인지, 문화대혁명에 버금가는 극심한 내전일지 알 수 없었다는 점이었다.

이렇게 중국은 30년의 혼동, 20년의 광란 속에서 힘을 잃어 가고 있었다. 이 시점 중국공산당은 인민의 신뢰를 얻지 못했다. 만약 이 시기 동유럽 사회주의 국가들이 채택했던 다당제가 중국에 도입되었다면, 중국공산당은 정권을 잃었을 것이 분명했다.

하지만 중국공산당은 30년간의 곡절을 통해 교훈을 얻었다. 집단지도체제와 실사구시, 개혁개방을 통해 다시 일어섰다. 수업료는 돈으로 환산할 수 없는 것들이었다. 3천만 명이 넘는 아사자와 수백만 명의 죽음을 불러온 격렬한 사상투쟁의 참화를 딛고 이루어진 것이다.

물론 사회주의 총노선에 대한 논쟁은 덩샤오핑 집권 이후에도 이어졌다. 당내 구세력들은 자본주의적 요소가 침투할수록 중국의 사회주의는 실패할 것으로 믿었다. 오늘날 서방에서 중국공산당 파벌을 분류하는 범주인 태자당(太子党), 공청단(共青团), 상하이방(上海帮)과 같은 말이 탄생한 것도 이 시기다.

중국공산당의 가슴속엔 3개의 화인이 아픈 상처로 남아 있다. 하나는 대약진운동이요, 또 하나는 대약진운동의 오류를 바로잡겠다고 나선 이들을 우경 기회주의자로 내몰며 인민을 동원해 당 중앙과 지식인, 혁명 원로들을 처단했던 광란의 문화대혁명이다. 마지막은 1989년 전면적인 개방과 민주주의, 부패관료 처단, 인민 생활의 혁명적 개선을 요구하며 일어났던 톈안먼(天安门, 천안문) 사태다.

앞서 두개는 교조주의와 좌경적 오류로 발생한 것이고, 나머지 하나는 당의 관료화와 개혁개방으로 인한 심화된 사회적 모순 때문에 학생들이 들고 일어난 사태였다. 톈안먼 사태를 중국에선 '우경주의적 요소가 다분했다'고 평가하는데, 그 이유는 다당제와 직접선거, 당 중앙의 지배구조 해체 등의 구호가 동구 사회주의를 붕괴시켰던 그것과 닮았기 때문이다.

이렇듯 중국공산당은 늘 좌에서 우로, 우에서 좌로 이동하며 자신의 위치를 가늠했다. 좌의 바람이 강하게 불었을 때 사람들은 숙청당했고, 우의 바람이 불었을 땐 사회가 흔들렸다. 이 세 가지 사건들의 맥락을 이해하면 중국공산당의 노선 변화와 미래에 대한 통찰력을 얻을 수 있다.

· 진짜 중국 이야기 ·

1976년, 시대가 저물다

　1976년, 중국 인민의 한결같은 존경을 받던 저우언라이(周恩來) 총리가 사망하고 마오쩌둥 주석 역시 사망했다. 1958년 발의했던 대약진운동이 3천만 명 넘는 아사자를 남긴 채 실패하고 이 운동의 좌경적 오류를 바로잡기 위해 모인 혁명동지들에게 반혁명분자라는 혐의를 씌워 숙청했던 문화대혁명(文化大革命)과 4인방의 전횡으로 인해 중국공산당은 대중의 신뢰를 완벽히 잃은 상태였다.

　노환과 파킨슨병으로 거동조차 쉽지 않았던 마오쩌둥이었지만, 저우언라이 총리의 죽음에 마치 중국의 마지막 희망이 사라진 것처럼 오열하는 광장의 군중이 마뜩찮았다. 저우언라이는 마오쩌둥의 그림자로 평생을 혁명에 헌신했으며, 노련하고 치밀한 외교력, 균형 잡힌 사상과 검약한 생활 태도로 인민의 존경을 한 몸에 받고 있었다.

1976년 1월 8일 오랜 암 투병 끝에 저우언라이가 사망하자 마오쩌둥과 4인방(四人幇)[7]은 최대한 빨리 추모 기간을 넘기고자 했다. 국장의 규모는 축소되었고, 무엇보다 마오쩌둥은 "내가 왜 총리의 장례식에 참석해야 하나?"라고 되물으며 몸이 불편하다는 이유로 평생의 혁명동지였던 그의 장례식에 참석하지 않았다.

사실 마오쩌둥과 저우언라이는 중국인에게 수어지교(水魚之交)에 비견되곤 했다. 한나라를 세운 유방과 소하, 촉나라의 유비와 제갈량, 신해혁명 시기의 쑨원과 황싱, 공산당 창당 전후의 남진북이(南陳北李)[8]처럼 숙명적인 제 짝으로 꼽혔다. 이들의 특성은 주도자와 보조자로 소로의 재능과 기질을 보완하며 새로운 세계를 창출한다는 것이었다.

마오쩌둥과 저우언라이는 공산당 1기 지도부였고, 마오쩌둥이 전략을 주창하면 이를 매끄럽게 집행하는 몫은 저우언라이였다. 마오쩌둥이 공산당 운영과 장제스 군대를 섬멸할 전략을 수립하는 등 내

---

7 문화대혁명 기간 동안 사상투쟁을 명분으로 숙청을 주도했던 4명을 가리킨다. 조반파라고도 불렸다. 마오의 부인이자 정치국 위원이었던 장칭(江靑), 중국공산당 중앙위원회 부주석이자 정치국 상무위원이었던 왕훙원(王洪文), 정치국 상무위원이자 국무원 부총리였던 장춘차오(張春橋), 문예비평가 겸 정치국 위원 야오원위안(姚文元)이다. 이들의 표적이 되면 그 누구도 당에서 살아남지 못했다.

8 '남진'은 남방 안휘 사람 천 두슈(陳獨秀)를 말하고 '북이'는 북방 하북 사람 리 다자오(李大釗)를 말한다. 그들은 『신청년』이라는 잡지를 발행하여 당시 사회를 비판하고 아울러 마르크스주의를 전파했다. 당시 청년들은 중국공산주의 이론의 양대 산맥을 일컬어 '남진북이'라고 표현했다.

치(內治)의 달인이었다면, 저우언라이는 장제스 국민당 정부 요인과 군벌, 미국을 비롯한 서방 각 나라에 대한 부드러운 외교를 담당했고, 은밀한 첩보작전을 총괄하는 정보부대의 수장을 역할을 도맡았다. 그들은 저우언라이가 눈을 감기까지 52년의 세월을 함께했고, 저우언라이는 마오 주석 곁에서 26년간 총리직을 역임했다.

저우언라이는 청년 시절 일본·프랑스·독일 등지에서 견문을 넓혔고, 신중국 건설 후에는 소련·동유럽·미국을 대상으로 한 외교 활동으로 높은 국제적 감각과 국제 질서에 대한 이해를 증명했다. 하지만 마오쩌둥은 두 차례 소련을 방문한 것 외에는 중국 땅을 떠나 본 일이 없었다. 중국의 역사학자인 궈모뤄(郭沫若)는 저우언라이를 두고 이렇게 추앙했다.

"나는 저우 공(公)에게 진심으로 기쁘게 탄복한다. 사물에 대한 조밀함, 일 처리의 민첩함이 전광석화와 같다. 헌신하는 정신은 마치 영원히 피로하지 않은 듯하다. 몇 날 며칠 잠을 안 잔 채 쉬지 않고 일하지만 피로한 기색이 없다. 처리하는 일은 조리 있고 논리정연하다. 엄격한 규율의 긴장 속에 있으면서도 해학과 힘찬 율려(律呂)가 스며 있다."

중국 현대사에서 저우언라이와 같이 풍부한 경험으로 정치·경제·군사·문화·외교·첩보 등의 분야를 전문가 뺨치는 수완으로 부드럽게 집행할 수 있는 인재를 찾긴 힘들다. 이는 지금도 마찬가지다. 이렇듯 저우언라이에 대한 칭송은 당 중앙이 아닌 기층 대중

속에서 무용담과 야사로 전파되며 더욱 확장되곤 했다.

저우언라이는 대약진운동 초기와 문화대혁명 시절 모두 마오쩌 둥의 노선의 완급을 조절하려다 호되게 자기비판을 하며 모멸을 당 하곤 했다. 그는 중국공산당의 2인자였지만, 인민은 그를 기품 있고 온화한 중국공산당의 어머니로 생각했다.

1976년 3월부터 기묘한 분위기가 형성되기 시작했다. 난징에선 학생들이 4인방을 규탄하는 대자보를 붙였고 저우언라이를 추모하 는 행진도 벌어졌다. 이어 청명절을 앞둔 베이징에서 베이징 시민과 전국 각지에서 상경한 인민들이 추모 행사를 벌였다. 저우언라이 사 후 3개월이나 지난 시점이었다. 추모 행사에는 매일 100만 명 정도 의 대중이 참여했고, 4월 4일에는 200만 명의 인파가 모여 추모 행 사를 열었다.

추모객들이 두고 간 조화로 천안문 광장 전체가 하얗게 물들어 갔 다. 형식은 추모였지만, 그 내용은 27년 중국공산당의 행로에 대한 울분과 환멸이었다. 당시 마오쩌둥은 83세에 지시조차 제대로 할 수 없는 상태였다. 마오쩌둥의 권위를 빌려 건강한 혁명동지들을 처 결하고 광란의 사상투쟁으로 비생산적인 소모전을 반복했던 4인방 의 농단에 대한 울분이 극에 달했다.

또 평소 마오쩌둥의 총애를 받아 후계자로 낙점되었다는 화궈펑 (華國鋒, 화국봉) 국무원 총리직 대리는 인민들이 보기에 간난신고를 거치며 신중국을 탄생시킨 혁명 원로에 비해 중량감이 한참이나 떨어지는 어린아이로 보였다. 대중은 영원한 지도자 저우언라이의 사망을 '신중국의 사망'으로 받아들였다.

4월 5일, 4인방의 지시를 받은 공안은 200여 대의 트럭을 동원해 천안문 광장에 쌓여 가던 조화를 남김없이 치워 버렸다. 이어 7월에는 또 한 사람의 영웅, 인민해방군의 자애로운 아버지 주더(朱德, 주덕) 원수가 사망했고 베이징 인근 탕산시(唐山市)에선 규모 7.5의 대지진이 발생했다.

이 지진으로 탕산시가 지도에서 사라지다시피 했고, 공식 집계로는 최소 24만 명, 비공식 추산으론 최대 70만 명이 사망했다. 그리고 9월 9일, 중화인민공화국의 창건자이자 '중국 국기의 그 붉음을 지키기 위해' 200만 명의 지식인과 공산당원을 숙청했던 마오쩌둥이 눈을 감았다.

필자가 보기에 1976년은 중국공산당의 구시대의 종언(終焉)이었다. 어둠이 깊었기에 작은 별빛 하나만 떠도 동녘의 광휘를 암시하는 것처럼 보였던 시절이었다. 당시 중국인민들은 대기근과 문화대혁명, 관념적이고 살벌했던 전투적인 사상투쟁, 농업 생산량 감소로 인한 빈곤, 과거 명·청 시대보다도 못한 생활로 인해 지칠 대로 지쳐 있었다.

마오쩌둥의 어록을 만들어 개인숭배와 사상투쟁 놀음을 벌여 유능한 혁명 원로와 당 간부를 모두 끌어내려 조리돌림하는 행태에 진저리를 쳤던 것이다. 그래서 대중은 현실에 대한 조화로운 감각과 자애롭고 유려한 지도 활동을 해 왔던 저우언라이와 '실사구시'라는 말로 현실에 걸맞은 정책을 송곳처럼 내놓는 덩샤오핑(鄧小平, 등소평)을 그리워했다.

당시 전국 각지에서 대자보 등으로 항거하는 소요 사태가 많았는데, 대부분은 덩샤오핑의 4대혁명을 지지하고 화궈펑의 양개범시(兩個凡是)를 비판하는 내용이었다. 양개범시란 "마오 주석이 지시하고 실행한 것은 모두 옳다."는 뜻으로 마오쩌둥 주석 서거 이후에도 중국공산당의 정책은 이를 계승해야 한다는 슬로건이었다. 이 슬로건은 다수의 대중들에게 '문화대혁명의 귀환'을 암시했다.

화궈펑 총리는 당시 소비에트 방식의 경제개발 정책을 주장했고, 덩샤오핑은 "개혁개방을 통한 농업 · 산업 · 과학기술 · 군사 현대화"를 핵심 내용으로 하는 4대 혁명을 주창하고 있었다. 여기에 대중들은 '민주주의'를 추가해서 '5대 혁명'이라는 이름으로 부르기 시작했고, 거리의 분위기는 하루가 다르게 험악해져 갔다.

영국 추월의 꿈, 대약진운동

1958년 8월 17일부터 열린 중국공산당 중앙정치국 확대회의에서 "전 국민이 1,070만 톤 철강 생산을 위해 분투할 것"과 '인민공사 설립'의 안이 결정되었다. 중국의 경제적 토대를 스스로 해체시킨 '대약진운동'이 시작되었다.

1957년 11월 모스크바에서 열린 10월 혁명 40주년 기념식(모스크바 선언)에서 서기장 흐루쇼프가 "소련이 가장 중요한 공업 생산품 및 농업 생산물로 15년 이내 미국을 따라잡고 이내 추월할 것"이라고 선언한 것에 마오쩌둥은 강한 자극을 받았다. 중국 역시 15년 후 또는 그 절반의 기간 내에 강철 생산량과 주요 공업 생산품 생산량에서 영국을 추월하겠다는 결심을 다시 하게 되었다.

사실 이 문제는 신중국 건설 이후 돌격주의를 외쳤던 마오쩌둥과 속도를 조절하자는 경제 관료들 사이에서의 오랜 논쟁거리였다. 1952년 마오쩌둥은 제1차 경제개발 5개년 계획을 세우는 작업에 열중하고 있었다. 마오쩌둥의 구상은 급격한 사회주의 개조 노선이었다. 농촌 집체화를 위해 개인 소유물을 공유물로 바꾸고 공동체를 해체해서 합작사로 통합하는 한편, 자본주의 기업체계를 사회주의 과도 노선인 공사합영체로 전환하는 것이 핵심이었다.

저우언라이가 계획의 방만함을 지적하며 경험과 지식 없이 무모하게 돌격하는 이 같은 돌격주의를 경계할 것을 주장했다. 격분한 마오쩌둥은 저우언라이를 '반(反)돌격주의자'로 규정하며 "인민과 당원들의 적극성을 보호해야 한다며, 이미 그들의 머리에 찬물을 끼얹었다."고 비판했다.

1956년 당 중앙이 소집한 〈지식분자 문제 회의〉에서 마오쩌둥은 '중국제일'이라는 이름의 전략적 비전을 발표했다.

"우리나라는 땅이 넓고 인구가 많다. 위치가 좋고 해안선이 가장 길다. 마땅히 세계 제일의 문화 · 과학 · 기술 공업 선진국가가 될 수 있다. 우리는 사회주의 제도를 갖고 있어 더욱 노력하면 능히 이룰 수 있다. 6억 명의 인구가 근로와 용하지 않으면 무엇을 할 것인가. 몇 십 년 후 세계 제일의 대국이 되지 않으면 안 된다. 현재 미국은 단지 10여 개의 수소폭탄, 1억 톤의 강철이 있다. 내가 보기에 그건 그리 대단한 게 아니다. 중국은 수억 톤의 강철을 생산할 수 있다. 국가통계국의 자료에 따르면 1955년 중국의 강철 생산량이 285만 톤이지만 1996년에는 1억 톤이 넘고, 2008년에는 5억 톤을 돌파한다."[9]

지금이야 국가의 산업경쟁력을 석유와 반도체, 희귀 광물, 소재와 장비, ICT 제작 장비 등으로 다양하게 분별하지만, 당시엔 철강 생산량이 바로 그 나라의 국력이었다. 좋은 양질을 철강을 많이 생산한다는 말은 건설과 같은 인프라의 발전 속도, 군사 장비와 선박, 자동차, 공장, 주택 건설 능력도 뛰어나다는 말과 같았다.

높은 수준의 산업구조란 '중공업 〉 경공업 〉 농업' 순서의 비중을 구축한 나라였고, 가난한 저개발 국가는 이의 역순이었다. 중국공산당은 중공업 우선 정책을 전면에 내세웠다. 즉, 경제 발전의 역점 순위에 있어서 중공업을 최우선에 두자는 것이었다.

신중국 건국일은 1949년 10월 1일이다. 1년 후 건국 1주년 행사를 마친 마오쩌둥에게 북한의 부수상 겸 외무상이었던 박헌영이 김일성의 친서를 들고 왔다. '낙동강 전선까지 진출했던 전방 병력은 고립되었고, 미군의 진격을 막일 힘이 없으니 참전해 달라.'는 내용이었다. 이에 중국공산당 정치국 임원 대부분이 출병 불가를 주장했다.

내전 복구가 한창이고 토지개혁은 시작도 못 했다는 내부적인 이

9 현이섭, 『중국지 中 건국대업 편』, 인물과사상사(2017), p. 289.

유도 있지만 초강대국 미국을 상대해야 하는 부담이 더 컸다. 마오쩌둥의 의견에 유일하게 찬동했던 펑더화이(彭德懷, 팽덕회)마저 "강철 생산량이 우린 65만 톤인데, 미국은 9천 8백만 톤으로 우리의 150배고 미군 1개 군단마다 야포가 1천 500문인 데 반해 우린 겨우 36문"이라고 말하며 전력의 열세를 설명했다. 당시에 철강 생산량은 국력의 척도였다.

기묘하게도 마오쩌둥의 예언은 결과적으로 현실이 되었다. 1996년 중국은 처음으로 조강(粗鋼) 생산량 1억 톤을 돌파해 세계 1위 자리를 이어 갔고, 2000년엔 1억 2,900만 톤을 돌파한 데 이어 2020년엔 10억 톤 이상을 생산해 세계 조강 생산량의 57%를 점유했다. 물론 이는 마오쩌둥이 고집했던 중국 인민들의 노력을 동원한 대약진운동의 결과가 아니라, 그가 가장 혐오했던 자본과 시장의 확장에 따른 결과다.

1958년의 대약진운동 발기는 세계 유례없는 거대한 사회주의 공동체 실험이었다. '대약진'이라는 표현은 1967년 11월 런민르바오(人民日報, 인민일보)의 사설에 등장했던 표현인데, 마오쩌둥은 이를 마음에 들어 했다. 당시 당 중앙의 결정은 '삼면홍기(三面紅旗)'라는 명칭이었다. 삼면홍기란 세 개의 붉은 기, 즉 중국식 사회주의 혁명의 기본 노선을 이르는 말로 과도기 총노선(過渡期總路線), 대약진(大躍進), 인민공사(人民公事)를 의미한다.

인구의 90%를 차지하고 있던 농민들은 인민공사에 모여 집단 경작을 하거나 철강 생산을 해야 했다. 6억 5천만 명의 인민들을 동원해 집 뜰에다 흙으로 수백만 개의 용광로를 만들었고, 함량 미달의 원시적 '잡철'이 대대적으로 포장되어 미화되었다. 이에 고무된 지역 당 간부들은 조악한 마을의 대장간 화로를 크게 만들어 집 안의 냄비와 수저, 농기구, 세숫대야와 같은 조잡한 철을 넣어 제련하도록 독려했다.

좋은 철로 만든 단단한 쟁기를 먼저 화로에 녹였기에 봄철 밭을 갈 농기구마저 부족해졌다. 또 연료용 나무를 구하기 위해 새벽부터 주민과 아이들은 톱을 들고 나가 야산의 나무를 베었고, 광부 출신의 무리는 철광석을 찾기 위해 산림을 헤집고 다녔다. 인민공사에 모여 협동노동을 했기에 더는 집에서 식사할 일이 없었다. 집 안의 놋그릇과 쇠로 된 집기를 마을 제철소의 화로에 던지는 게 당연한 시절이었다.

그렇게 쓸모없는 잡철이 매일 뽑아져 나왔다. 노동할 수 있는 인력은 댐과 저수지 건설과 같은 대형 방제사업과 도로 건설, 철강 생산을 위해 동원되었기에 정작 농사일은 노인과 아이들 차지였다. 당시 중국 인구의 90%가 농민이었다는 점을 감안하면, 대약진운동이 중국 농업에 가한 타격이 얼마나 심대했는지를 가늠할 수 있으리라. 일을 열심히 하건 적게 하건 모두 같은 노임을 받았다. 때마침 극악한 기근이 3년이나 이어졌다.

당시 중국공산당의 일부 당 간부들이 얼마나 교조적이며 순진했

41

는지는 1958년 건국기념일 경축대회에서 한 인민공사 현당위원회 서기가 한 발언으로 엿볼 수 있다.

> "1960년에 사회주의를 건설하고, 1963년에 공산주의를 건설하자."
> "그때가 되면 먹고 싶은 대로 먹고, 입고 싶은 대로 입고, 무엇이든 필요한 대로 가질 수 있다."

이는 마르크스가 상상했던 사회주의와 공산주의 이야기였다. 사회주의가 "능력에 따라 일하고 업적(노동시간)에 따라 배분받는" 사회라면, 자본주의 계급 모순이 철폐되고 육체노동과 정신노동의 격차가 사라진 공산주의 사회에선 "능력에 따라 일하되 누구에게나 그의 필요에 따라 취할 것"[10]이라는『고타 강령 비판』의 문구를 그대로 사용한 것이다.

성과 현 단위의 관료들은 상부에 성과를 부풀려 보고하기 위해 사용하지도 못할 만큼 조악하여 폐기해야 할 불순물 잡철 덩어리를 강철 생산량으로 꾸며 올렸고, '돌격주의 정신'이 부족하다는 비판을 받을 것이 두려워 해마다 말도 안 되는 목표량을 설정해 보고했다.

---

10 노동 분업 아래 개개인을 노예적으로 종속시키는 것과 함께 정신노동과 육체노동 사이의 대립이 사라진 이후에는, 노동이 생활의 수단이 아니라 그 자체가 생활에서 첫째로 필요한 것이 된 이후에는, 개개인의 다양한 발전과 더불어 그들의 생산력이 발전하고 공동의 부의 원천이 넘쳐흐르게 된 이후에는 - 그때에는 비로소 부르주아적 권리의 협소한 지평을 뛰어넘을 수 있으며, 사회는 자신의 깃발에 다음과 같이 쓸 수 있을 것이다. "누구나 자신의 능력에 따라, 누구에게나 그의 필요에 따라!"

심지어 벼 재배 생산성이 200배나 올랐다는 보고를 들은 덩샤오핑이 순시에 나서자 그 지역 당 간부들은 그의 방문 전날 다른 논의 벼를 모두 뽑아 보고서에 올린 논에 조밀하게 심어 놓을 정도였다.

이렇게 조작된 실적은 당원 가입이나 승진에 유리하게 작용했다. 심지어 엄청난 실적 보고에 고무된 나머지 마오쩌둥은 "이러다 10년 내에 정말로 영국을 추월할지 모른다."고 말했다는 기록도 있다. 모내기에 투입되어야 할 농민이 마을 제철소에 투입되어 망치질을 하고, 지식인은 프롤레타리아 계급으로 단련되어야 한다며 중공업 공장에서 기술직으로 재직하던 유능한 청년이 인민공사에서 망치로 냄비를 두들겼던 시절이었다.

시기도 좋지 않았다. 중소분쟁으로 인해 소련의 기술 지원이나 원조가 건국 당시와는 비교할 수 없을 정도로 줄었다. 중국에 자원은 많지만, 기초 기술과 장비는 태부족했고 외국 자본이 죄다 철수했던 시기였기에 지하에 묻힌 막대한 자원도 활용하지 못했다. 중소분쟁의 시작은 소련의 노골적인 중국 홀대 정책에 대한 중국공산당의 누적된 불만이 폭발하면서 시작되었다.

대약진운동이 시작되던 1958의 '제2차 5개년 계획'에 적극 후원하겠다던 소련이 어떠한 구체적인 지원을 하지 않았던 것과 타이완 해협에 대한 공세적 군사작전을 실행했을 때 소련이 전혀 돕지 않았던 점, 인도와의 국경 분쟁 당시에도 역시 소련이 중립적 입장을 고수했던 점을 마오쩌둥은 못마땅하게 여겼다. 결국 1960년 모스크바에서 열린 바르샤바 조약기구 회의에 참석한 중국 대표 캉성(康生)이 소련의 '평화공존 노선'이 수정주의에 가깝다고 비난하면서 양국의 불편한 관계가 알려지게 되었다.

소련의 지원과 원조가 없었다는 사실은 대약진운동 실패의 부수적 요인이었다. 대약진운동이 발의되었던 1958년 4월엔 전국 각지에서 '참새 섬멸 작전'이 전개되었다. 3년 전에 한 농민이 "참새 때문에 농사를 지을 수 없다."는 탄원을 중앙당에 보내자 마오쩌둥은 "12년 내 전국의 쥐, 참새, 파리, 모기를 소멸해야 한다."고 회의에서 말했다.

그리고 마오쩌둥의 말씀은 '4해 박멸론(四害撲滅論)'으로 둔갑해 대약진운동과 함께 요란하게 등장했다. 당시 중국 과학자들은 참새 한 마리가 매년 곡식 4.5㎏을 먹어치운다고 추산했다. 따라서 참새 100만 마리가 죽을 때마다 6만 명분의 식량을 얻는 셈이었다. 베이징에선 새벽 4시부터 전 인민이 동원되어 참새 소탕 작전에 나섰다. 독극물이 든 과자를 뿌리고, 엽사와 새총을 든 아이, 빗자루와 냄비, 징을 든 여인들이 거리로 나왔다.

베이징의 참새들은 약을 먹고 죽거나 총에 맞아 죽거나, 날다 지쳐 떨어져 아이들 발길에 채여 죽었다. 당시 베이징의 한 호텔에 경영 지도를 위해 묵던 소련인 미하일 A, 클로치코(Mikhail A, Klochko)는 이렇게 회고했다.

여자의 비명 소리에 아침 일찍 잠에서 깼다. 급히 창문을 내다보니 옆 건물 지붕 위에서 한 젊은 여자가 넓은 천을 묶은 대나무 장대를 미친 듯이 흔들면서 이리저리 뛰어다니는 모습이 보였다. 그 여자는 갑자기 비명을 멈췄다. 숨을 고르는 줄 알았는데, 잠시 후 길 아래에서 북소리가 울리기 시작했다. 그러자 그 여자는 무서울 정도로 다시 비명을 지르며 자신의 깃발을 미친 듯이 흔들었다. … 참새들이 건물에 내려앉는 것을 막기 위해 호텔 고층 전체에서 하얀색 옷을 입은 여자들이 천과 수건을 흔들었다는 것을 깨달았다. 이것은 참새 박멸 캠페인의 시작이었다. 온종일 북소리, 총소리, 비명 소리가 들렸고 펄럭이는 천들이 보였지만 그 어디에도 참새는 한 마리도 보이지 않았다.[11]

1958년 한 해에만 참새 2억 1천만 마리가 중국에서 사라졌다. 계획대로라면 1,260만 명분의 식량을 더 남겼어야 했지만 결과는 정반대였다. 이듬해 논과 밭엔 메뚜기를 비롯한 각종 해충들이 들끓었고 도심도 예외는 아니었다. 흉작은 엉뚱한 곳에서 시작되고 있었다.[12]

당시 국무원 총리였던 저우언라이가 지방을 순시하던 중 길가에 앉아 굶어 죽어 가는 노인의 한탄을 듣고 가슴을 쳤다는 이야기는 아직도 중국 노년층에겐 유명한 일화다. 1998년 중국 중앙당교가

---

11 스테파노 만쿠소. 임희연 역. 『식물, 국가를 선언하다』. 더숲. 2023. p. 64.

12 김명호. 『중국인 이야기 1』. 한길사. 2012. p. 16.

발표한 책자에 따르면 "1959년부터 61년까지 비정상 사망과 출산 감소로 인구가 4,000여만 명 줄어들었다."고 한다. 연구자마다 차이가 있지만, 2011년 중국공산당 창건 90주년에 대거 기밀 해제된 각종 자료 입수 이후엔 대체로 최소 4,000만 명 이상이라는 사망자 추정이 많다.

1958년에서 1962년 초까지 진행되었던 3년간의 대약진운동은 중국의 발전을 적어도 20년 도태시켰다. 여기에 아사자 수를 감안하면 기황(饑荒)으로 인한 폐해는 인류사에서 찾아보기 힘들 정도였다. 참고로 1740년의 아일랜드 대기근 당시 사망자는 백만 명 남짓이었다.

이 기록적인 재앙엔 천재(天災)가 아니라 인재(人災)의 요소가 더 많았다. 아무런 물적 토대 없이 '인민의 창조력과 열의가 세계 창조의 근원'이라는 원론적인 슬로건을 앞세워 '돌격정신'을 발휘했던 것이다. 대약진운동의 실패로 마오쩌둥은 스스로 당 주석 직을 제외하고 군사혁명위원회 등의 모든 직책을 내려놓았고, 사회주의 이행 속도 조절을 주장하는 경제통들이 전면에 나섰다. 이것이 광란의 문화대혁명을 불러왔다.

루산의 악몽

마오쩌둥은 내전 기간 적어도 전체를 통찰하는 전략 면에서는 군관학교 졸업생이나, 군벌 전쟁을 경험했던 군 지휘관보다 뛰어났다. 모스크바 출신의 맹동주의자들이 성시(城市) 중심의 노동자 폭동과 정규전을 감행해 지하조직과 혁명 근거지가 파괴되자, 마오쩌둥은 이를 공개 비판했다. 그는 농민 근거지 건설과 게릴라전, 근거지 해소 등의 새로운 노선을 제시해 절대적 열세의 중국공산당과 홍군(紅軍)을 무적의 조직으로 성장시켰다.

그래서 펑더화이(彭德懷, 팽덕회)나 린뱌오(林彪, 임표), 시진핑 주석의 부친인 시중쉰(習仲勳)과 같은 천재적 군사 지략가들조차 마오쩌둥의 노선이라면 믿고 찬동했다. 그러나 전투는 달리는 말 위에서 하지만 건설은 땅 위에서 한다는 말이 있다. 즉, 전쟁에서 적진을 파괴하는 일과 천하를 통치하며 새것을 창조하는 일은 다르다. 그래서 전쟁 영웅이 정치에서도 성군이 되긴 어렵다고 하지 않던가.

대약진운동 기간 인민해방군 기관지 쒜팡쥔바오(解放軍报, 해방군보)와 당 기관지 런민르빠오(人民日报, 인민일보)는 마오쩌둥의 천재적인 영도력과 인민의 위대한 노력을 매일 타전했고 당 주요 간부들역시 숭배를 이어 갔다. 하지만 명백히 드러난 참사 앞에서 '천재적인 영도자'라는 수식은 설득력이 없었다.

'수령의 영도와 당 결정의 무오류성(無誤謬性)'에 대한 신화는 레닌과 스탈린 시절부터 구축되어 온 공산당의 핵심 사상 중 하나였다. 수령 영도가 '무오류'라는 근거는 다음과 같다. 당 조직이 기층 인민들 속에서 조직 및 교육·선전 활동 등을 생명력 있게 전개해서 상급 단위로 각종 정보를 보고하면 오랜 혁명 경험으로 단련된 영도자는 이 정보를 총괄해 가장 과학적이고 혁명적인 결정을 내린다는 것이다. 자본주의 착취 시스템과 달리 계급이 철폐된 조건에서 대중의 열의는 비할 바 없이 불타올라 목표 달성 수백 퍼센트의 신화가 창조될 수 있다는 것이다.

마오쩌둥은 스스로를 절대적인 통치자라고 생각했는지 모르지만, 그와 함께 당을 만들고 중국을 건국했던 혁명가들은 개인숭배와 1인 지배가 위험하다고 보았다. 적어도 대약진운동 초기, 즉 1959년 여름까지는 당내 민주주의가 작동하고 있었다. 즉 공산당의 조직 운영 원칙인 '민주집중제(民主集中度)'가 살아 있었다.

민주집중제란 현안에 대해 전 조직이 치열하게 토론하고 토론 결과를 수렴한 당 중앙에서에서 이를 바탕으로 결정하면, 견해가 다르더라도 무조건 당 결정을 집행한다는 원리다. 민주집중제는 4개의 복종을 의미한다. ① 개인은 조직에, ② 소수는 다수에, ③ 하부는 상부에, ④ 전 당원과 조직은 당 중앙에 복종해야 한다. 또한 중요한 문제는 공산당 총서기나 지방의 당서기가 단독으로 결정할 수 없고, 반드시 집단으로 결정해야 한다. 끝으로 민주집중제는 어떤 형식의 개인숭배에도 반대해야 한다는 원칙을 기본으로 한다.

대약진운동의 오류를 바로잡고 노선을 수정하기 위해 중국공산당은 중앙정치국 확대회의를 소집했다. 1959년 7월부터 2회에 걸쳐 한 달이 넘는 기간 동안 진행된 이 회의는 일명 '루산(여신)회의'로 불리는데, 대약진운동 기간 뜨거워진 머리를 식히며 동지들끼리 기탄없이 토론하자는 취지로 소집되었다.

이 자리에 참석했던 중앙정치국 임원들은 도연명의 '귀거래사'처럼 편안하고 여유 있게 신선놀음을 한다고 하여 루산회의를 신선회(神仙會)라고 불렀다. 요즘으로 치면 '당 주요 간부 집중 수련회'와 같은 성격이었다. 1차 대회에서 마오쩌둥은 당 조직에서 종합된 19개의 문제, 인민공사의 식당 운영과 강제적 군중 동원과 선전사업의 좌경주의에 대해 지역별로 소조를 나눠 토론하도록 했다.

이때까지만 해도 분위기가 좋았다. 제한 없는 자유 토론을 기조로 한 회의에선 간간이 웃음소리도 나왔고 자유 시간에 연극을 보거나 춤을 추고 담소를 나누었다. 당시 기록을 담당했던 바오쩌둥의 비서

리루이(李銳)는 『루산회의 실록』에서 당시 풍경을 이렇게 남겼다.

> "왜, 신선회라고 불렀는가? 루산은 천하명산이다. 역사고적이 풍부하
> 고 신선들의 이야기가 많이 전해 내려오고 있다. (마오쩌둥의) 마음이 대
> 단히 유쾌하고 편안해 보였다. 서로가 마음껏 진언하는 등 대단히 화기
> 애애했다."[13]

당시 마오쩌둥은 "당 간부들의 소양과 지식이 부족해 사회주의
경세문세에 대한 이해력이 떨어지고 경제발선 규율을 제대로 알지
못해 행정 실무주의에 매몰되었다."면서 소련의 정치경제학 관련
서적을 읽을 것을 독려했다. 그러면서도 여전히 "삼면홍기의 방향
은 정확하며 단지 좌(左)적 열광성에 따른 부작용은 시정해야 한다."
고 주장했다.

하지만 지방에서 올라온 참석자들은 삼면홍기 노선의 폐해를 뼈
저리게 겪고 있었기에 통렬한 비판을 이어 갔다. 시간이 지날수록
비판은 날카로워졌고 마오쩌둥의 표정은 침울하게 굳어 갔다. '영원
한 총사령관' 주더는 "농민들은 아직도 소유제의 일면을 지니고 있
으며 부자가 되려고 하는데 이런 방식의 공산제를 누가 원하는가?"
라며 강철 제련 사업으로 공업이 만신창이가 되었다고 발표했고, 당

13 현이섭. 『중국지 中』, 「건국대업편」. 인물과사상사(2017). p. 306.

시 국방부장이자 부총리였던 펑더화이는 무려 7차례의 발언을 통해 비판을 이어 갔다.

"대약진운동에 대한 전면적인 검토가 필요하다. 내가 보기엔 잘못된 운동이다. 성공 사례라며 숫자만 나열하지 마라. 인민들을 나태하게 만든다."

"돈 없이 식사할 수 있다는 그런 큰일을 시험도 하지 않은 채 실행했다. 인민공사는 1년 정도 시험한 뒤 시행했어야 했다. '반우파 투쟁'을 통해 머리가 뜨거워진 나머지 전 인민을 강철제련 장에 투입하는 좌경노선을 부추겼다."

등의 발언을 하며 목소리를 높였다. 이후에 정작 문제가 된 것은 당내 정치구조에 대한 비판 발언이었다.

"현대 당위원회는 집체지도제가 아니다. 개인이 결정한다. 제1서기(마오쩌둥) 혼자서 다 한다. 당내에서 좌파적 사고를 고치기 쉽지 않다. 우파적 사고는 비교적 잘 고쳤다. 좌파적 사고가 모든 것을 압도해 많은 사람들이 말을 하려고 하지 않는다. 각종 딱지를 붙여 깔아뭉갠다. 광범한 언로를 여는 데 영향을 미친다."

마오쩌둥은 대약진운동 자체가 폄훼되고 부정당하는 것을 염려한 나머지 당일 토론 내용에 대해 두루뭉술하게 대회를 이어 가고자

51

했다. 하지한 펑더화이는 좌경적 오류를 그대로 두고 다시 삼면홍기가 진행될 경우 엄청난 역풍을 맞을 것으로 확신했다.

그는 마오쩌둥에게 충심을 담은 직언을 편지로 전했다. "상부에 보고된 성과는 대부분 조작되었고, 인민들은 고통에 신음하고 있다. 인민공사와 집체식당 모두 조급증의 산물이며, 이제는 토지 경작권을 인민공사가 아닌 농민에게 맡겨 경제를 회생시켜야 한다."고 썼다.

하지만 마오쩌둥은 펑더화의의 행동이 한창 스탈린 격하운동을 빌이고 있는 흐루쇼프의 소련공산낭과의 연계 공작이 아닌지를 의심했다.

3일 후에 펑더화의의 개인 서한은 「펑더화의 동지의 의견서」라는 이름으로 인쇄되어 참가들에게 배포되었다. 마오쩌둥은 편지에 대한 정치국원들의 여론을 파악하고자 했다. 마오쩌둥의 기대와 달리 펑더화의의 서신을 보고 찬동하는 당 핵심 간부들이 많았다. 동북(東北)조는 한 명도 빠짐없이 펑더화이를 지지했다.

때마침 소련공산당 기관지 『프라우다』에선 중국의 대약진운동을 맹비난하는 기사를 실었다. 문제는 논지가 펑더화이의 주장과 유사했다는 것이다. 공교롭게도 당시 베이징을 지키고 있던 부총리 천이에게 베이징 주재 소련대사가 농담을 던졌다. "(주석과 중앙이 자리를 비운) 지금이 기회인데, 정변을 일으킬 생각이 없느냐"고.

천이는 즉각 마오쩌둥에게 전화로 직보했다. 마오쩌둥은 격노했다. 대회에 참석한 이들에게 사자후를 토했다.

> "이렇게 긴급한 고비에서 동요하지 말라. 일부 동지들은 동요하고 있
> 다. 대약진, 총노선, 인민공사는 정확하다. 어느 쪽 방향인지 분명하게
> 말해야 한다. 가령 (펑더화이는) 유실유득(有失有得)[14]이라고 했는데, '득
> (得)'을 뒤에 놓았다. 만약 모자[15]를 씌운다면 이것은 자산계급의 동요
> 성이다."[16]

마오쩌둥의 분노는 여기서 그치지 않았다. 펑더화이와 그에 동조
하는 당 간부들을 향해 서늘한 협박을 이어 갔다.

> "만약에 10건의 일을 처리하는데 9건이 나쁘면 반드시 망한다. 그때
> 나는 농촌으로 들어간다. 농민을 이끌고 정부를 엎어 버리겠다. 당신들
> 해방군이 나와 같이 가지 않으면, 나는 홍군을 조직한다. 따로 해방군
> 을 조직한다. 내가 볼 때 해방군은 나와 함께 갈 것이다."

제1서기의 입에서 나온 사실상의 '내전 협박' 발언이었다.

---

14 잃은 것도 있고 얻은 것도 있다.

15 상대의 사상적 편향성을 규정해서 '-주의자'라고 못 박는 것. 중국공산당은 특정 파벌이나 인사
를 사상적으로 공격하거나 숙청할 때 "모자를 씌운다"고 표현했다. 북한 조선로동당에선 "감투를
씌운다"라는 말로 바꿔 불렸다.

16 같은 책. p. 320.

"나는 두 가지 죄가 있다. 하나는 강철 1,070만 톤 문제다. 철강 생산은 내가 결심한 것이다. 대가 끊길 정도의 죽일 놈은 나다. 주요 책임도 내게 있다. 또 하나는 인민공사다. 인민공사는 전 세계가 반대하고, 소련도 반대했다. 인민공사는 내가 만든 것은 아니지만 널리 보급한 책임이 있다. 동지들 모두의 책임을 모두 분석하기 바란다."[17]

대회장의 분위기가 돌변했다. 어제까지 펑더화이를 두둔하며 노선의 수정을 주장했던 참석자들은 펑더화이를 영도자의 노선을 굴절시키는 반당 우경분자, 심지어 '군사구락부(軍事俱樂部)[18]를 만드는 반당 집단의 수괴'로 몰기 시작했다. 그들이 펑더화이의 30년 전력을 뒤지자 형체도 없는 과오와 죄과, 사상 변절의 증거가 쏟아져 나오기 시작했다. 루산 회의는 애초의 취지와 달리 노선에 대한 반대자를 숙청하는 사상투쟁의 인민재판으로 변해 갔다.

이 와중에 마오쩌둥의 비서인 리루이(李銳)를 비롯한 젊은 당 간부들은 '전면혁신'을 주장하며 마오쩌둥에게 별도의 의견서를 준비할 정도였다. 마오쩌둥의 처신이 당내 민주주의를 파괴하고 수천만 인민을 고사하게 만들고 있다는 내용이었다.

---

17 같은 책. p. 323.

18 동호회를 지칭하는 클럽(club)의 일본식 발음과 클럽의 러시아어 клуб(끄르프)에서 영향받은 것으로 당의 공적 조직이 아닌 개인의 친소 관계로 형성된 분파(파벌)을 지칭하는 것.

"주석은 스탈린의 만년과 비슷하다. 천하를 통치할 능력은 감히 겨룰 사람이 없지만, 좌우를 다스릴 능력은 갖추지 못했다. 비판을 들으려 하지 않으니 말하기가 겁난다. (주석은) 백 년 후에 태어날 사람들의 의론(議論)조차 용납하지 않을 기세다."

리루이는 중국공산당의 양심, 또는 중국 지식인의 보루로 평가받는 인물이다. 주석의 오류에 대해 직언할 수 있었고, 민주집중제에 기반한 인민 민주주의 노선에 대한 확고한 신념이 있었다. 그래서 개인숭배나 일인지배 체제를 반대했다. '당에 대한 인민의 신뢰는 인민의 자유로운 발언권에서 나온다.'는 철학을 가지고 있었다. 이후 리루이는 농장으로 송환되어 극도의 굶주림 속에서 중노동을 해야 했고, 문화대혁명 때 다시 체포되어 7년간 옥살이를 해야 했다. 1978년 마오쩌둥 사후에 당적이 복구되었다.

그리고 주더와 펑더화이를 지지했던 외교부부장 장원텐(張聞天)이 그다음 처벌 대상이 되었다. 한때 마오쩌둥 스스로가 "나의 유일한 대장군"이라고 극찬하며 '항미원조(한국전쟁) 사령관'으로 내세울 만큼 신임했던 펑더화이는 소련 수정주의자 흐루쇼프와의 내통자로 몰렸다. 그런데 이는 문화대혁명의 짧은 예고편에 불과했다.

루산회의가 끝나고 펑더화이에 대한 당 중앙의 심문이 이어졌지만, 펑더화이는 끝내 '외국과의 내통 사실'과 '군사구락부' 문제를 인정하지 않았다. 이에 중앙당은 군대 사단 이상 간부 1,061명과 참관 간부 508명이 참석하는 중앙군사위원회 확대회의를 소집해 비판을 지속했다.

군을 소집한 이유는 당시 펑더화이와 주더가 인민해방군의 원훈(元勳)으로 군의 절대적 신임을 얻고 있었기 때문이다. 또한 당시 펑더화이는 적어도 군에 관한 일에서만큼은 마오쩌둥의 지시를 충분히 수렴하지 않기도 했다. 펑더화이는 대장정 당시 홍군을 지도했고 내전 때에는 서북인민해방군 총사령, 건국 후에는 한국전쟁 인민지원군 총사령관, 국방부장을 지냈다. 그의 역사가 곧 인민해방군의 역사였다.

루산회의는 이렇게 변질되어 이후 마오쩌둥은 우경 기회주의 숙청을 위한 전당의 계급투쟁을 주문했다. 전국의 360만 명 이상의 당 간부들이 조사를 받았는데, 펑더화이와 주더, 장원톈과 함께 일한 적인 있는 간부나 삼면홍기 노선에 대해 부정적 발언을 했던 자들은 모두 소환되어 사상검열을 받아야 했다. 펑더화이는 국방부장에서 물러났고, 장원톈도 외교부부장에서 해임되었다.

이렇게 실패가 입증된 대약진운동은 2기 때에는 더욱 맹렬하게 타올랐다. 당 간부가 당의 정책과 결정에 토를 달거나 수정을 가하는 행위는 '반당행위'가 되기 십상이었기에 대약진운동의 오류는 더욱 커졌다. 이 시기 중국을 덮친 최악의 기근이 찾아오고 있었다. 엎친 데 덮친 격이었다.

대란의 전조 7천인 대회

대약진운동의 실패는 예고되었다. 3천만 명 이상의 아사자가 쏟아지자 마오쩌둥도 더는 '돌격주의'를 밀고 나갈 수 없게 되었다. 당 중앙도 대책이 없었고, 성과 현 단위에서 만들어진 모범 사례도 없었다.

다급해진 마오쩌둥은 1962년 1월 '중앙확대공작회의'를 소집했다. 일명 '7천인 대회'라고 부르는 것으로 전국 성 자치구·현·공기업·군부대 5급 간부 이상 7,118명이 모여 24일간의 백가쟁명, 마라톤 회의를 이어 갔다. 오류를 시정하고 들뜬 머리를 식혀 객관을 똑바로 볼 필요가 있었다.

농업과 공업, 생필품과 하루 끼니 모두 재앙적 상황이었지만, 지난 루산회의에서 펑더화이가 반당분자로 몰렸던 것을 직접 보았던 중앙당 간부들은 대체로 '마오 주석의 결정은 옳았지만, 집행에서 태만하고 오류가 발생한 것'이라며 자아비판을 했다. 다시 말해서 대약진운동의 실상을 발표하되 오류의 원인은 집행간부들의 문제 요, 자신의 잘못이라는 자기비판이 대회장을 가득 메운 것이다.

공칠과삼과 공삼과칠

류사오치(劉少奇, 유소기)는 이 대회에서 대약진운동을 총평하며 '공삼과칠(功三過七)'이라 규정했다. 원인 또한 "천재 3할, 인재 7할" 이라며 후난성(湖南省, 호남성) 농민의 말을 옮기는 형식을 빌려서 이 운동의 실패는 인재라고 말한 것이다. 류사오치는 자신이 후난으로 시찰 갔을 때 나눈 한 농민과의 대화를 소개했다.

농민에게 "당신들이 겪는 어려움은 무엇 때문입니까?"라고 묻자 그 농민은 "천재가 3푼, 인재가 7푼"이라고 답했다는 것이다. 이어 서 "1960년에 이 저수지가 말라 있었습니까?"라고 묻자 농민은 "저 수지는 1960년에도 올해도 마르지 않았다."고 답했다고 한다. 그는 이처럼 자연재해가 특별한 영향을 미치지 않는 곳에도 생필품과 식 량을 구하지 못해 사람들이 굶어 죽어 가고 있으니 우리 공작(工作) 의 과오와 기풍을 정확히 비판해야 한다고 주장했다.

또한 당내 좌경 · 우경 반대 투쟁 양쪽 모두 방향과 노선상의 결함 이 있다며 실사구시를 바탕으로 당내 투쟁을 전개하자고 주장했다. 결론을 대신해 그 인재 중 100할은 주석의 결정을 현장에서 옳게 풀지 못한 당 간부들의 문제라며 완곡하게 풀어냈다.

류사오치는 마오쩌둥의 심기를 살피며 현상의 문제점을 지적했다. 전혀 문제될 것이 없는 발언이다. 문제는 '공삼과칠(功三過七)'이라는 표현에 있었다. 전통적으로 중국공산당은 당 중앙의 정책적 오류를 표현할 때 공칠과삼(功七過三)이라는 표현을 써 왔다. 즉, 잘한 것이 7이고 과오가 3이라는 것이다.

전인미답(前人未踏)의 사회주의 혁명을 수행하는 데 있어 노선상의 오류는 과오이기도 하지만 천금을 주고도 사지 못할 '수업료'라는 관점이 있었다. 좋은 말로 하면 '혁명적 낙관주의'이고, "문제는 늘 발생하지만 고치면 그만"이라는 중국인 특유의 유연함도 내포된 표현이다.

마오쩌둥 사후(死後) 덩샤오핑은 마오쩌둥의 행적은 '공칠과삼'이라며 "마오 주석은 중국 근현대사 최고의 지도자"라고 평가한 바 있다. 그 근거로 마오 주석은 국민당과 일본군과의 전쟁에서 승리하고 신중국을 재통일했으며, 잃었던 청대(淸代)의 영토 대부분도 수복했고 사회주의의 기틀을 다졌다. 다만 대약진운동과 문화대혁명에서의 오류는 '과삼(過三)' 정도라는 것이다.

류사오치는 후난성 농민의 표현을 빌려 '천재 삼푼, 인재 칠푼'이라고 표현했지만, 이는 마오쩌둥의 심기를 건드렸다. 과오가 절반이 넘는다는 말은 '삼면홍기' 노선에 대한 전면적 부정이나 다름없었다. 또 류사오치는 펑더화이를 우익 기회주의자로 규정하고 징계하기로 한 당의 결정은 잘못된 것이라며 그의 복권을 주장했다.

사실 류사오치는 신중국 건설 이후 마오쩌둥의 경제 노선에 찬동하지 않았다. 마오쩌둥은 즉각적인 사회주의로의 이행을 위해 농공상병(農工商兵)의 이상적 사회주의 공동체를 건설할 것을 고집했다. 자본의 사적 소유는 물론 집과 농기구와 같은 일체의 개별적 소유까지 배제하고 인민공사로 조직해 동원한 것이 바로 대약진운동이었다.

하지만 류사오치는 인민민주주의 혁명, 즉 본격적인 사회주의 이행 이전에 과도기 형태로서의 '신(新)민주주의'가 꽤 오랜 기간 지속되어야 한다고 믿었다. 신민주주의 이론은 사실 마오쩌둥이 주창한 이론으로 노동계급 · 농민계급이 주도(영도)하지만 자본가와 민족자산계급, 소(小)부르주아지 · 민족부르주아지가 과거와 같이 존속되어 경제를 지탱해야 한다는 주장이었다.

마오쩌둥은 류사오치의 주장을 소련 흐루쇼프의 수정주의 노선으로 받아들였다. 나중 문화대혁명 시기에 마오쩌둥은 당내 우파 세력에 대한 무자비한 척결을 주문하는 '대자보'를 쓰면서 "(그들은) 1962년의 우파와 연계되어 있다."고까지 했는데, 바로 이 1962년의 우파는 류사오치였다.

류사오치의 발언 10일 전 펑전(彭眞)은 '7천인 대회 (류사오치) 보고 기초위원회'에서 적극적으로 당 중앙상무위원회 중앙과 마오 주석의 오류를 지적했다. 펑전은 오랜 지하 활동으로 베이징에서 토대를 닦은 초기 공산당 멤버다.

> "우리의 잘못은 먼저 중앙서기처에 있다. 주석과 류사오치와 중앙상무위원회 동지들 책임이 아닌가? 포함이 되었든 안 되었든, 얼마의 과가 있든 없든지 간에 마오 주석이 아무런 책임이 없다는 것은 말이 안 된다. 3~5년 과도 문제와 (인민공사의) 식당 문제는 모두 마오 주석이 비준한 것이다."
>
> "마오 주석의 위신은 에베레스트 봉우리도, 타이산(泰山, 태산)도 아니다. 그렇게 높지 않다. 현재 당내에 하나의 경향이 있다. 말을 하지 않으려 하고, 자신들의 과오를 비판하려고 하지 않는다. 자아비판하면 자리에서 날아가 버리기 때문이다. 만약에 마오 주석이 100분의 1, 1천분의 1의 과오라도 자아비판을 하지 않으면 우리 당에 악영향을 끼친다. 성(成)과 시(市) 간부들이 책임을 떠맡으려 할까. 좋지 않은 것부터 모두 졸개들에게 떠넘기면 교훈을 얻을 수 없다. 그러면 마오 주석부터 지부 서기에 이르기까지 각자 생긴 대로 놀게 된다."

분위기가 이렇게 흘러가자, 마오쩌둥은 '10년 총괄'이라는 형식으로 자리에서 일어나 자신의 과오를 처음으로 인정했다.

> "일반적으로 중앙이 범한 오류는 직접적으로 내가 책임을 져야 하고 간접적으로도 나에게 책임이 있다. 나는 당 중앙위원회 주석이기 때문

61

이다. 나는 다른 사람에게 책임을 미루지 않는다. 다른 일단의 동지들도 책임이 있다. 그러나 제1의 책임은 당연히 나다. 책임을 두려워하지 마라. 다른 사람이 말하는 것을 허락하지 않는 사람은 호랑이 엉덩이를 건드리지 못한다. 대저 이런 사람은 열이면 열 다 실패한다. … 나는 경제건설 공작 과정에서 겪은 많은 문제들을 알지 못했다. 다른 사람들과 비교해 보면 나보다 류사오치 동지가 더 잘 알고 저우언라이 동지가 나보다 더 잘 이해하고 덩샤오핑 동지가 나보다 더 잘 안다. 천윈(陳雲, 진운) 동지는 특별해 비교적 많이 안다. 농업에 대해서 나는 조금 안다. 많이 알지 못한다. 비교적 안다는 것도 제도 방면의 문제이지, 생산 방면에 대해서는 지식이 아주 작다."

주석이 자아비판을 하자 저우언라이, 류사오치, 덩샤오핑, 린뱌오(林彪, 임표)가 연단에 나와 자기반성을 해야 했다. 대부분 책임을 자신에게 돌리고, 주석의 권위가 훼손되는 것을 막기 위해 안간힘을 썼다.

압권은 린뱌오였다. 그는 3천만 명의 아사자를 두고 "우리는 약간의 '학비'를 치렀지만 가치가 있었다."며 실책의 본질은 "우리가 마오 주석의 지시와 마오 주석의 경고, 마오 주석의 생각대로 따라 하지 않기 때문에 발생했다."고 주장했다. 그는 마오쩌둥 사상을 찬양하며 개인숭배까지 나아갔다. 참석자들은 어안이 벙벙했다. 대회 기조에서 벗어나는 그야말로 뜬금없는 발언이었다. 심지어 린뱌오는 대회 기간 내내 숙소에 머물다가 갑자기 나와서 발언했는데, 발언 내용이 오래전부터 준비한 연설문 같았다.

"내 개인이 몇십 년 동안 체득한 경험에 비추어 보면 마오 주석의 가장 돌출한 장점은 '실제(實際)'이다. 주석은 항상 실제에서 열이면 여덟, 아홉을 벗어나지 않는다. 주석은 항상 실제의 주위에 있고, 실제를 둘러싸고 실제를 벗어나지 않는다. 나는 깊이 있게 느꼈다. 우리의 공작이 잘될 때는 마오 주석의 생각이 순리적으로 관철되고, 마오 주석의 생각이 방해받지 않을 때였다. 만약에 마오 주석의 의견이 존중받지 못하거나 큰 방해를 받으면 그런 때는 일이 잘못됐다. 우리 당 몇십 년간의 역사는 바로 이런 역사다."

마오쩌둥은 자신의 옆자리에 앉아 있던 뤄루이칭(羅瑞卿) 국무원 부총리에게 "린뱌오 동지의 연설 수준이 대단히 높다. 이런 연설을 자네는 할 수 있겠는가?" 물었다. 뤄루이칭이 삼면홍기 사업의 속도를 조절해야 한다는 주장을 한 것을 겨냥한 것이다. 이후 린뱌오의 연설문을 마오쩌둥은 직접 수정하며 "아주 좋은 문장이다. 아주 무게가 있는 글이다. 매우 기쁘게 보았다."는 글귀를 적어 비서실에 전달했다.

다수의 당 중앙 간부들은 1인 지배 체제의 후과를 절감하고 있었고, 개인숭배의 폐단도 잘 알고 있었기에 집단지도체제를 고민하고 있었다. 하지만 이 시기 린뱌오는 천하대란(天下大亂)이 올 것을 마치 예상이라도 한 듯 실각하는 마오쩌둥에 대한 인민해방군 내의 친위부대를 조직했다.

　이날 이후, 그는 소련의 마오쩌둥에 대한 찬양 선전물을 스탈린에 버금가는 수준으로 제작해서 홍보하기 시작했다. 문화대혁명 내내 홍위병의 손에 들려 있던 붉은 수첩,『마오쩌둥 어록』역시 그의 작품이다.

실용주의와 이상적 관념의 대결

　대약진운동 참패의 책임을 지고 마오쩌둥은 당 주석 직만 유지한 채 모든 직책을 내려놓고 베이징을 떠났다. 마오쩌둥은 '스탈린 격화 운동'을 전개하며 영도자의 오류를 부각하는 흐루쇼프 소련공산당 서기장의 '수정주의'가 당내에 많이 침투했다고 생각하고 있었다. 베이징은 떠났지만, 그는 자신의 공언대로 인민해방군을 기반으로 언제든 당 중앙을 갈아엎을 구상을 하고 있었다.

　실제로 마오쩌둥은 자신만이 중국 사회주의의 붕괴를 막을 수 있다고 믿었다. 한번은 당 중앙에서 삼면홍기 노선에 대한 비판과 마오쩌둥에 대한 맹목적 개인숭배 문제가 거론된 적이 있었다. 하지만 이 자리에서 마오쩌둥은 "'진리'를 손에 든 자에 대한 개인숭배는 정당한 것이며, 당을 분열시키는 자들에게 대한 개인숭배야 말로 위험한 것"이라며 1인 지배 영도체제를 포기할 생각이 없음을 밝힌 바 있다.

한편 중국공산당은 이 기회에 마오쩌둥 1인 지도체제를 견제하고 지도집단의 민주집중제와 집단지도체제를 가동했다. 내전 당시의 청명했던 기풍을 다시 살렸다. 당 중앙 부주석이자 자타가 공인하는 경제통이었던 천윈과 류사오치는 경제 회복을 제1과제로 내세우며 여섯 가지 처방을 전 당에 내렸다.

최저 생활수요 확보에 충력을 기울이고 농업 증산을 위해 농민들의 사적 재산 소유를 인정하며, 통화 팽창을 강격하게 막는다는 것이 핵심이었다. 특히 주석직에 오른 류사오치는 농업정책으로 '삼자일포(三自一包)'를 제안했다. '삼자일포'는 세 가지의 자(自)로 시작하는 정책과 한 가지의 포(包)로 시작하는 정책을 말하는데, 자본주의적 경영과 사적소유제의 일면을 공산당이 인정한 것이다.

- 자류지(自留地): 인민공사 외의 농가 주변의 텃밭(자류지)도 정당한 생산물로 인정해서 자신의 텃밭에서 개별적으로 경작한 곡식은 전부 농민 소유로 인정해 주는 정책
- 자유시장(自由市場): 자류지에서 생산한 곡식이나 개인이 만든 수공업 제품의 시장 매매를 허용하는 정책
- 자영농가부업(自營農家副業): 개인이 돼지 등의 가축을 기르거나 가내 수공업을 하는 등의 부업을 허용
- 포산도호(包産到戶): 각 농가별로 경지를 배분해 생산 목표 초과량을 농민이 모두 소유할 수 있도록 하는 정책

사실 이 정책들은 당시 중국의 낙후된 경제 구조와 봉건적 관념에 머물고 있던 사회 인식에 걸맞은 정책이었다. 특히 인민들에게 가장 환영을 받았던 정책은 '포산도호(包産到戶)'였다. 일정 식량 생산의 초과분을 임금 형식으로 농민에게 돌려주어 농민들의 개별 생산을 허용하고 노동 의욕을 고취시키는 정책이었다.

　삼자일포 정책은 이후 1978년 덩샤오핑 집권 후 단행했던 농업자유화 정책과 거의 일치했다. 포산도호는 안후이성에서 시범사업으로 검증했던 사업이었다. 성과 현의 기층 당 간부들은 중앙당의 눈치를 봤지만, 고위 지도자들은 시간이 흐를수록 포산도호 정책을 지지하고 나섰다.

　하지만 이 정책은 마오쩌둥이 보기에 사회주의 혁명을 도태시켜 다시 자본주의로 가자는 것이었다. 당 지도부가 사영(私營) 경제체제[19]를 도입해 수정주의의 길로 가고 있다는 비난을 시작으로 마오쩌둥은 사상투쟁을 전면화했다. 1962년 허베이성(河北省, 하북성)에서 7월 25일부터 8월 24일까지 1개월 동안 열린 중앙공작회에서 마오쩌둥은 준비한 연설을 했다.

　사영경제 체제를 조기에 분쇄하고 당내 우경 기회주의자와 수정주의자 발호를 막아야 한다고 주장하며, 특히 일부 지역에서 시행하

---

19 사적 소유에 기초한 경영 방식.

는 개혁조치는 '눈먼 지휘로 인한 수정주의 과오'라며 비관주의 바람(黑暗風, 흑암풍), 경인경작을 선호하는 바람(單干風, 단간풍), 우익 기회주의자와 반혁명분자에 대한 규정을 뒤집는 바람(飜案風, 번안풍), 즉 3풍(三風)을 강력 비판했다.

이 자리에서 포산도호의 세부정책을 입안하고 실행을 준비하던 농촌 공작부 부장 덩쯔후이(鄧子恢, 등자회)는 마오쩌둥의 비판으로 맨 앞으로 불려 나와 자아비판을 해야 했다. 또한 덩샤오핑의 주도로 진행되던 펑더화이에 대한 복권 작업 또한 '번안풍'으로 지목받아 복권은 불허되었다. 류사오치를 비롯해 펑더화이, 천윈, 덩샤오핑 등의 당 내 개혁주의자들은 모두 수정주의자로 내몰렸다. 그래서 인민공사 제도는 마오쩌둥 사후 1980년까지 유지되었다.

모든 직을 박탈당하고 쓰촨(四川, 사천성)에 머물던 펑더화이는 문화대혁명 때 홍위병들에게 체포되어 베이징으로 연행되었다. 군중 앞으로 끌려온 그는 구타당하고 침을 맞는 등 온갖 수모를 겪고 결국 유폐된 채 암에 걸려 죽었다. 그가 죽기 전까지 했던 말은 "나는 아무 잘못이 없다. 주석을 만나 나에게 왜 그렇게 했는지 따져 보아야겠다."는 말이었다. 그가 죽자 4인방은 가명을 만들어 비밀 장례를 치르고 외딴곳에 매장했다. 1982년 덩샤오핑에 의해 복권되기까지 그의 죽음과 무덤조차 대중에게 공개되지 않았다.

1962년 마오쩌둥이 실각하기까지 전개된 대약진운동은 중국공산당과 중국 인민에게 가슴속 큰 화인으로 남았다. 백년국치(百年國

恥)를 씻자며 신중국을 건설했지만, 남은 것은 가난과 숙청, 사상 동원으로 일어설 기력조차 상실한 중국이었다. 이 시기 중국은 미국과 대만 국민당 세력의 잦은 침략에도 국토를 지키고 있었을 뿐 대륙 어디에도 새로운 미래에 대한 희망은 찾아보기 어려웠다.

1966년 발의된 문화대혁명 이전까지 중국공산당은 사회주의 노선과 관련해 치열한 토론을 전개했다. 당시 중국공산당에겐 3개의 길이 있었다. 하나는 소비에트 계획경제로 소련이 이미 선보였던 5개년 개발계획과 집단화 과정, 즉 소련식 경제정책이었다.

그리고 두 번째는 중국식 사회주의 건설 노선, 즉 '과도기 사회주의 총노선'이라 명명된 중국공산당의 공식 노선이었다. 하지만 이 노선은 삼면홍기 정책으로 좌경화되었다. 대약진운동(삼면홍기)은 기술과 경험, 자본과 시장, 심지어 산업을 지탱할 수 있는 계급적 토대가 전무한 속에서 소련보다 더 좌경적으로 진행된 극좌적 실험이었다. 이 노선은 전 인민이 굶어 죽음으로써 오류를 실증했다. 즉, 마오쩌둥 방식의 사회주의 건설 노선이 파산한 것이다.

끝으로 당시 마오쩌둥이 '반돌격주의'로 규정했던 속도 조절 노선이 있었다. 혁명과 건설의 속도를 인민경제의 발전 단계에 걸맞게 자본주의적 시장경제와 자영농의 사적 소유 및 경쟁을 인정해 우선 내란과 파병으로 동력을 상실한 인민 경제를 돌아가게 하자는 것이다. 쉽게 말하면 굶주린 인민을 우선 살려 작은 시장 작은 산업을 토대로 시작하는 길이다. 이는 마오쩌둥 실각 이후 류사오치와 천윈,

69

덩샤오핑 등의 경제통이 현장의 토론과 실험을 거쳐 성과를 입증했던 노선이었다.

하지만 이 노선은 결국 문화대혁명과 함께 사장(死藏)되었다. 이를 자본주의적 반동 책동으로 규정하고 이를 따른 당 간부들은 '주자파(走資派)'로 내몰렸다. 주자파란 '자본주의로 가는 파'라는 뜻으로 당내 수정주의 세력을 뜻했다.

나도 진시황이다

앞서 필자는 중국 경제노선과 정치체제의 변화를 이해하기 위해선 중국인의 가슴속에 시퍼렇게 찍힌 3개의 화인(火印)을 알아야 한다고 했다. 대약진운동과 문화대혁명, 그리고 톈안먼(천안문) 사태다.

대약진운동이 이상적 사회주의를 향한 노선의 실패였다면, 문화대혁명은 경제 건설을 위해 오류를 시정하고 실용주의 노선을 채택하려 했던 이들을 상대로 마오쩌둥이 일으킨 사실상의 내전이었다. 그리고 톈안먼 사태는 덩샤오핑의 개혁·개방 이후 동유럽 사회주의 붕괴에 영향받은 인민이 더 많은 자유와 서방 국가들의 자유주의 정치 제도를 요구하자, 이를 부르주아 민주주의로의 회귀로 보고 단호하게 유혈 진압했던 시태이다.

신중국 건국 이래 40년은 거대한 시계추의 진동처럼 보인다. 거대한 제국이 짧은 기간에 왼쪽의 극좌적 사회주의를 거쳐 광란과 맹

71

동주의의 정점을 찍고 다시 오른쪽의 실용주의 개혁 · 개방으로 이동했다가 그 관성으로 더 오른쪽으로 가자는 군중 시위(톈안먼 사태)가 번진 것이다.

중국의 역사를 한족의 통일 왕조의 시점에서 바라본다면, 이는 전형적인 난(亂)이다. 한족 왕조는 늘 같은 패턴으로 붕괴하곤 했다. 내부의 민란으로 인해 국력이 약화되면 북방 민족이 침략해서 무너지거나 지방 세력이 할거해서 나라가 쪼개졌다. 황건적의 난(黃巾賊 - 亂)은 중국 후한 말기 농민이 황건적(黃巾賊)이 되어 일으킨 반란으로 후한이 붕괴되고 300년간의 위진남북조 시대를 가져왔다.

진(秦)나라 말기인 기원전 209년 진승(陳勝)과 오광(吳廣)의 농민 반란은 결국 군웅할거를 이끌어 중국 최초의 통일 제국이었던 진(秦)나라의 멸망을 가져왔다. "왕후장상의 씨가 따로 있나(왕후장상영유종호, 王侯將相寧有種乎)"라는 말은 중국의 역사에서 특별한 의미를 가진다. 빈농 출신의 비천한 자가 스스로 왕위에 오른 일대 사건이다.

중국 당나라 말기 약 10년간에 걸쳐 일어난 황소의 난은 거대한 농민의 난으로 10년간 중국을 내란으로 몰아넣었다. 왕권이 약화되자 907년 절도사 주전충에 의해 멸망하고, 송나라가 중국을 통일하기까지 약 70년간 5대10국 시대가 이어졌다. 청나라 시대인 1850년에 발발한 태평천국의 난은 중국 역사에서 가장 짧은 기간 가장 많은 살상자를 낸 전쟁으로 이어졌는데, 사망자 수는 2,000만~3,000만 명에 달했다. 1911년 신해혁명이 성공할 수 있는 배경이 되었다.

대륙의 통일 정부를 유지하기 위해선 거미줄보다 촘촘한 정보망으로 지방을 통제해야 했고, 정부의 구심력이 약화되어 원심력이 발동하는 순간 거대한 분열과 난으로 이어진다는 교훈을 한족의 리더들은 본능적으로 알고 있었다.

마오쩌둥 역시 마찬가지였다. 그는 내전 시기에 진나라에 유독 깊은 관심을 두었다. 진나라 멸망을 가져온 최초의 농민 반란이었던 '진승·오광의 난'과 농민혁명군이었던 자신의 '홍군(紅軍)'을 비견하며, 군사를 일으켜 진시황을 토멸하는 것은 위대한 '농민혁명 전쟁'이라고 높게 평가했다.

하지만 신중국 건설 이후 당의 지배권을 확보한 이후 마오쩌둥은 전통적인 한족 왕조의 관점에서 역사를 재평가하기 시작했다. 중국 최초의 통일제국을 수립하고 도량형과 전 대륙에의 법치를 구현한 진시황의 정통성에 대한 찬사가 많아졌다. 1953년 마오쩌둥은 한 서신에 이렇게 썼다.

"진시황과 한무제의 업적은 고대 봉건제왕의 일로서 진시황의 역사적 공업(功業)은 먼저 전국시대의 전란을 끝내고 중국 역사상 최초로 중앙집권제의 대일통(大一統)제국을 건립했다는 것을 들 수 있다. 진나라의 정치체제는 실질적으로 2천여 년 중국 정치의 기본 틀을 짜 놓았다."

1954년 소련 외빈을 접견하는 자리에 동행해 마오쩌둥의 통역을 담당했던 스저는 회고록을 통해 기록을 남겼다.

73

"우리 당내, 혹은 국내에서 소동이 일어날 수 있다. 물론 내가 오늘 말하는 것은 단지 하나의 가능성이다. 장래 상황이 어떻게 변화하는지 기다려 봐야 한다. 이 소동의 성질은 한마디로 말하면 바로 어떤 사람이 나를 타도하는 것이다. 우리나라 중국 역사에서 진나라가 6국을 멸망시킨 일이 있다. 진나라가 초나라를 멸망시켰다. 진은 바로 그들 산시(陝西: 손으로 지도를 가리키며)에 있던 나라고, 초는 바로 후난(湖南, 호남)이다. 이것은 역사적 사실이다. 그럼 현재는 어떤가? 또 기다려 봐야 한다."

대약진운동이 시작되던 1958년에 마오쩌둥은 자신의 천하관(天下觀)이 바뀌었음을 드러냈다. '진시황에 대한 재평가'를 말하기 시작했고 지식인들이 반응했다. 공자보다 진시황이 더 위대하다는 것이다. 그해 제8차 전국대표대회 제2차 회의에서 마오쩌둥은 진시황에 대한 옹호론을 전개했다. 공산당 전국대회에서 왜 뜬금없이 진시황 이야기인지 궁금할 수 있겠지만, 이는 마오쩌둥의 강력한 반우파 투쟁에 대한 정당성을 확보하기 위한 사상투쟁의 일환이었다.

"나는 최근에 판원란(范文瀾) 동지가 쓴 1편의 글인 「역사 연구는 반드시 옛것보다 현재의 것을 중시해야 한다(歷史研究必須厚今博古)」를 읽고 대단히 기뻤다. … 진시황을 어떻게 생각하나? 그는 단지 460명의 유가를 땅에다 묻었지만, 우리는 4만 6천 명의 지식인을 묻었다. 우리가 반혁명분자를 진압할 때 일단의 반혁명 지식분자들을 죽이지 않았

• 진짜 중국 이야기 •

나?(1957년의 반우파 투쟁) 내가 민주인사들과 논쟁할 때 그들은 우리를 진시황이라고 욕한다. 틀렸다. 우리는 진시황을 백배 초과했다. 우리를 진시황이라고 욕하는 것은 독재를 하고 있다는 말이다. 우리는 일관되게 그들이 말한 것은 충분하지 않고, 왕왕 우리는 더 보태야 한다는 것을 인정한다."

이후 마오쩌둥은 문화대혁명의 발동을 앞두고 당내 반우파 투쟁의 불씨를 당긴 1962년 허베이성 베이다이허(北戴河, 북대하) 회의에서 "마르크스와 진시황을 결합해야 한다. 민주와 집중을 결합해야 한다."며 중국공산당 지도체제는 자신을 중심으로 한 '1인 집중지도체제'여야 한다고 주장했다. 이후 문화대혁명으로 중국공산당은 물론 대륙에서 마오쩌둥을 위협할 수 있는 사상적 조류나 지식인이 모두 사라져 재만 남았던 1973년 이집트 부통령을 접견하는 자리에서 마오쩌둥은 진시황 이야기를 또 꺼냈다.

"진시황은 중국 봉건사회에서 제일로 유명했던 황제다. 나도 진시황이다. 린뱌오는 나를 진시황이라고 욕했다. 중국은 예부터 두 파가 있다. 한 파는 진시황이 훌륭하다고 말한다. 또 한 파는 진시황은 나쁘다고 한다. 나는 진시황에 동조하고 공부자에는 동의하지 않는다. 진시황은 첫 통일중국을 이루고 문자를 통일했으며 넓은 도로 수축과 나라 속의 나라를 인정하지 않은 중앙집권제의 통치 구조를 만들었다. 중앙정부에서 각 지방으로 관리를 파견해 다스리고 기간에 따라 바꾸면서 세습

제도를 허용하지 않았다."

이 말에 1949년 이후 현재까지의 중국공산당의 통치 이념과 체제가 모두 들어가 있다. 거대한 중국 대륙에서 지방의 분리 독립 운동이나 민란을 용납하지 않는 강력한 중앙집권제의 통치구조, 혈육 세습 승계가 아닌 후계자 지명이라는 권력 승계 구조는 현재까지도 유지되고 있다. 다만 마오쩌둥은 집권 중반기부터 집단협의체 대신 1인 지배체제로 전환했지만, 덩샤오핑 시대 이후에는 민주집중제에 따른 지도체제를 구축하는 데 성공했다.

문화대혁명은 인류 역사상 가장 막강한 권력을 확보하고 있던 최고 지도자가 일으킨 친위 쿠데타라는 점에서 유례가 없다. 마오쩌둥은 왜 중국 사회주의 역사를 수십 년 후퇴시키고 수백만 명을 사살하고 자살로 몰고 간 광란의 문화대혁명을 발동했을까.

여기에는 앞서 언급했던 한족 지도자의 전통적인 리더십, 즉 강력한 중앙집중형 지도체제를 위협하는 권력의 분산을 용납할 경우 마오쩌둥이 꿈꾸었던 사회주의 강대국의 꿈이 물거품이 될 것이라는 우려가 있었다. 무엇보다 7천인 대회를 통해 일선에서 물러났던 그는 자신의 숙청을 주도하는 일단의 수정주의 세력에 의해 사회주의 '홍기(紅旗)'의 색깔이 바뀔지도 모른다는 두려움을 가졌다. 수정주의 세력이 당 중앙을 장악할 경우 얼마든지 벌어질 수 있는 일이었다.

그는 사회주의 국가들의 변질과 타락을 막는 유일무이한 힘은 오직 혁명 영도자와 결합한 인민들의 중단 없는 계급투쟁으로만 가능하다고 믿었다. 즉 신중국 건설로 법령과 제도, 국가에 대한 공산당의 지배력은 확보했지만, 그것은 외형일 뿐 공산당 지도부의 사상은 매우 위태롭다고 보았다.

사회주의 건설 과정에서 곡절을 이유로 노선을 수정하거나 관료주의가 팽창하는 것을 막는 길은 오직 인민들의 부단한 계급투쟁뿐이라고 보았다. 소련은 당 관료가 인민들 위에 군림하며 인민들의 진정한 의사가 반영되지 않아 결국 당 중앙이 사상적으로 타락했다고 분석했다.

마오쩌둥은 '프롤레타리아트 계속혁명, 영속투쟁'이라는 이론적 근거를 제시하며 친위 쿠데타를 발동했다. 이를 "천하대란 천하대치(天下大亂 天下大治)"라 표현했다. 당 수정주의자들의 '亂(난)'에 당하지 않으려면, 아래로부터의 거대한 난으로 천하를 다스릴 수 있다고 본 것이다.

천하대란 천하대치

1966년 8월 18일, 군복을 입은 마오쩌둥이 천안문 성루에 다시 올랐다. 그의 앞에는 100만 명에 달하는 군중이 집결해 있었다. 일명 '홍위병 접견식(백만인 대회)'이라 불리는 이 대회에 참가하기 위해 전국 각지의 홍위병이 집결했고, 그들은 마오쩌둥이 모습이 보이자 일제히 "마오 만세!"를 외치며 발을 구르고 눈물 흘리며 감격했다. 마오쩌둥은 이에 화답해 "인민 만세"라고 외치며 군모를 흔들어 홍위병을 독려했다.

7천인 대회를 기점으로 마오쩌둥이 실각한 이래 4년 만의 일이다. 실각했다고 표현하지만 군권과 실질적인 당권은 여전히 그의 손에 있었다. 다만 그는 대약진운동의 실패를 책임지고 경제 정책을 비롯한 정부 기관의 일에서 집행권한을 상실했을 뿐이다.

그가 여전히 건재했다는 점은 그의 실각 이후 전개된 1962년 베이다이허 회의에서 류사오치와 천원, 덩샤오핑의 실용주의 노선을 정면 비판하며 "이제부터 사회주의와 자본주의와의 계급투쟁이다!" 라며 당내 전면적인 사상투쟁과 사상교육을 선포했던 것에서 확인할 수 있다. 그럼에도 그는 여전히 진정한 사회주의 세력이 당 권력의 모두를 차지하지 못하고 있다고 보았다.

그는 당 내엔 진짜 사회주의 세력과 가짜 사회주의 세력이 있다며 류사오치를 겨냥했다. 경제 건설 정책을 두고 매번 자신과 논쟁하는 류사오치에겐 덩샤오핑과 저우언라이, 천원과 같은 실력파 관료들이 든든한 우군이 있었다.

1962년 6월 8일 류사오치가 "우리가 주의하지 않는다면 장래에 수정주의가 출현할 수 있다."고 발언하자 마오쩌둥은 "이미 출현했다!"며 언성을 높였다. "내가 보기에 우리 국가 3분의 1의 권력은 아직 장악하지 못하고 있다. 적의 수중에 장악되어 있다. 만약에 흐루쇼프가 출현하면 어떻게 할 것인가?"라며 당내 사상투쟁에 미온적이었던 당 중앙을 맹비난했다.

마오쩌둥의 심기를 곁에서 늘 살펴 왔던 부인 장칭(江靑, 강청)은 이를 기회로 당내 자신의 친위 그룹을 구축하기 시작했다. 배우 출신이었던 장칭은 문예계에서 날선 공격을 시작했다. 1961년에 초연되어 전국 순회공연을 통해 많은 사랑을 받았던 경극『해서파관』이 제물이 되었다.

『해서파관』은 역사극이다. 명나라의 명신(名臣)이자 농민을 위한 혁신적인 제도를 주창했던 해서(海瑞)가 황제에게 상소했다가 억울하게 파직된다는 내용으로, 원래는 마오쩌둥이 지시해서 베이징에서 초연된 작품이다. 1965년 장칭은 『해방일보』 주필이었던 야오원위안(姚文元)을 사주해 상하이 일간지 『문예보』에 「신편 역사극 '해서파관'을 평한다(評新編歷史劇 '海瑞罷官')」라는 논설을 발표하게 했다.

사실 야오원위안은 당시 문예계에서 거침없는 필력으로 주목받고 있었고, 그의 펜에 수많은 문인들이 창작 활동을 그만두어야 했다. 쉴 새 없이 남을 해코지했기에 그는 문단에서 "쿤쯔(棍子: 몽둥이)"로 불렸다. 그는 『해서파관』이 펑더화이를 해서로, 해서를 파직한 황제를 주석에 빗대고 있어 폄훼한다고 주장했다. 하지만 야오원위안의 주장을 진지하게 받아들인 전국지는 없었다.

언론계에서 반응이 없자, 장칭은 인민해방군 신문인 『지에팡쥔바오(解放軍報)』와 당 기관지 『런민르바오(人民日報)』에 압력을 가해 이 논설을 게재하도록 했다. 장칭이 중국공산당 정치의 중심으로 등극하게 된 사건이다. 4인방은 장칭, 야오원위안, 장춘차오(張春橋), 왕홍원(王洪文)을 지칭하는데, 이때 왕홍원을 제외한 3인이 흉계를 꾸미려 만나면서 결속했다. 문화대혁명의 시작이었다. 중국공산당의 가장 어두웠던 시절 무소불위의 권력을 쥐고 칼을 휘둘렀던 4인방은 이렇게 등장했다.

야오원위안의 직격으로 『해서파관』의 각본을 썼던 우한(吳晗)은 불안에 떨어야 했다. 전국에서 백가쟁명식의 논쟁이 이어졌고 긴장이 고조되었다. 총리였던 저우언라이는 〈문화혁명 5인 소조〉를 조직해 그들이 분석한 결과(2월 요강)를 보고받았다.

5인 소조의 책임자였던 펑전(彭眞)은 "우한은 펑더화이와는 아무 관련이 없으며 이는 학술 문제일 뿐 정치 문제가 아니다."라고 주장했다. 여기에 정치국 후보위원 루딩이(陸定一)는 한 걸음 더 나가 "언론과 학술 영역에선 백화제방(百花齊放)과 백가쟁명(百家爭鳴)을 견지해야 한다."는 내용을 「2월 요강」에 담아 보고했다.

저우언라이가 이를 비준하자, 마오쩌둥은 화를 참지 못했다. 펑전은 소련의 스탈린 격화운동이 벌어질 때 중국공산당을 대표하여 소련으로 가서 흐루쇼프의 수정주의 노선을 통렬히 비판할 정도의 권위가 높은 지식인이었다.

마오쩌둥은 「2월 요강」에 관여했던 5인 소조, 펑전과 인민해방군 총참모장인 뤄루이칭(羅瑞卿), 루딩이(陸定一), 중앙서기처 후보서기 양상쿤(楊尙昆)을 철두철미한 수정주의자로 낙인찍으며 5인 소조를 해산하고, 〈문화혁명소소〉를 만든 정치국상무위원회의 직속 기구로 편제했다. 문화대혁명의 전초기지는 이렇게 탄생했다. 이처럼 문화대혁명은 문예와 학술토론에서 시작해 이후엔 교육 · 출판 · 언론 · 문예 · 연화 · 연극계 · 생활문화 등의 전 방위로 확장되었다.

1965년 5월 16일 오전 9시 류시오치 주재로 열린 정치국 확대회의에서 마오쩌둥의 친필 통지(通知)가 당 중앙의 방침으로 통과되었다. 일명 '5 · 16 통지'라 불리는 '전쟁 포고문'이 발표된 것이다. 그

81

런데 통지의 말미에 서늘한 내용이 담겨 있다.

무산계급 문화혁명의 큰 깃발을 높이 들어 반당 · 반사회주의의 학술
권위 자산계급의 반동 입장을 철저하게 폭로하고 학술계 · 교육계 · 언
론계 · 문예계 · 출판계 자산계급의 반동사상을 철저하게 비판해 이 문
화 영역에서 지도권을 탈취하자. 이렇게 하여 반드시 당, 정부, 군과 문
화 영역의 각계 안에 잠입한 자산계급 대표인물을 비판함과 동시에 이
들을 깨끗이 제거하고, 그들의 직무 배치를 전환하자. 특히 이들이 문
화혁명의 공작을 하는 것은 믿을 수 없다. 과거와 지금, 확실히 많은 사
람들이 이런 공작을 하고 있다. 이것은 대단히 위험한 일이다.
당, 정부, 군과 각종 문화계에 잠입한 자산계급의 대표인물은 반혁명
의 수정주의분자다. 일단 시기가 성숙하면 그들은 정권을 탈취하며 무
산계급 독재를 자산계급 독재로 바꾸려 한다. 이런 인물 중 일부는 이
미 우리가 꿰뚫어 보았고, 일부는 꿰뚫어 보지 못하고 있다. 일부는 우
리의 믿음을 받고 우리의 후계자를 양성하고 있다. 예를 들면 흐루쇼프
같은 그런 인물이다. 그들은 현재 우리 곁에서 잠자고 있다. 각급 당위
원회는 반드시 이 점을 충분히 주의해야 한다.

통지문을 확인한 당원들은 공포감에 사로잡혔다. 하지만 류사오
치와 덩샤오핑은 통지문 말미의 "흐루쇼프 같은 그런 인물이 우리
곁에서 잠자고 있다."는 문구를 보고도 이것이 자신들을 겨냥한 표
현이라는 것을 꿈에도 모르고 있었다. 이 통지문이 류사오치가 주재

한 회의에서 덩샤오핑의 설명으로 통과되었다는 것은 비극적 아이러니다.

통지문이 발표되고 당 간부들은 '우리 곁에서 잠자고 있는 흐루쇼프'에 대해 말하기 시작했고, 그제야 류사오치를 비롯한 실용주의 세력은 사태의 본질을 알게 되었다. 마오쩌둥의 의도를 사전에 알았다고 한들 그들에게 뾰족한 수가 있었던 것은 아니다.

마오쩌둥의 권위는 당 기구의 요직이나 정부 부처의 결정을 뛰어넘는 그 무엇이었다. 거칠게 표현하자면, 그가 바로 중국공산당이며 신중국이었다. 다만 '개혁파'들은 여전히 항일전쟁 시절의 경험에 의존하고 있었다. 비록 노선을 두고 논쟁하고 대립하지만, 전선에선 목숨을 걸고 서로를 지켜 주며 토론 끝에 내린 결정이라면 절대적으로 관철하고야 마는 혁명 동지와의 관계 말이다.

그리고 며칠 후 5월 25일 오후 2시, 베이징대학의 학교 식당 동쪽 벽에 대자보가 붙었다. 제목은 "쑹쉬(宋碩)·루핑(陆平)·펑위윈(彭珮云)은 문화대혁명 중에 도대체 무엇을 했는가?"였다. 쑹쉬는 베이징위원회 대학부 부장, 루핑은 베이징대학 당위원회 서기, 펑위윈은 베이징대학 당위원회 부서기였다. 대자보를 본 학생들은 찬반을 나눠 논쟁했고, 이 대자보를 보기 위해 베이징 시민까지 몰려들며 식당 앞은 인산인해를 이뤘다.

대자보를 쓴 이들은 베이징대학교 철학과 강사이자 당총지부 서기였던 45살의 녜이안즈(聂元梓) 외 6명이었다. 그녀는 항일전쟁 시절부터 공산당 고위직으로 활동했던 경험 많은 간부였다. 다시 말해 당 중앙 인사들과 무관하지 않았다.

이 대자보 내용을 전달받은 마오쩌둥은 "마르크스 레닌주의의 첫 대자보"라며 극찬했다. 이후 베이징을 비롯한 각 대학에서 녜위안 즈를 본받자는 대자보가 봇물을 이뤘고, 각급 당위원회와 교내 구체제 인사를 숙청할 것을 촉구하는 비판대회가 이어졌다.

녜위안즈는 훗날 회고록을 통해 "중국공산당이 그렇게 빨리 변질될 수 있을까?"라는 의구심은 있었지만, 5·16 통지를 본 후 마오쩌둥 주석과 공산당을 지켜야 한다고 흥분했다고 밝혔다. "주석의 문화대혁명은 이미 당 중앙에서 일사천리로 진행되고 있었는데도, 5·16 통지는 마치 주석이 당내 실권파에 의해 고립된 것처럼 보이도록 했다."면서 자신은 그저 이용당했다고 주장했다.

하지만 훗날 비밀 해제된 공산당 자료에 의해 해당 대자보는 마오쩌둥의 경호책임자이자 당 비밀경찰 총책이었던 캉성(康生, 강생)[20]의 기획물이었음이 밝혀졌다. 정치국 확대회의가 끝나기 전에 이미 캉성은 자신의 부인을 보내 대자보 초안을 녜이안즈와 기획했고, 회의가 끝나는 날 오후를 기점으로 대중적 문혁을 발동한 것이다.

---

20 캉성은 중국공산당 혁명 원로들이 치를 떨 만큼 집요하고 잔인한 염탐과 숙청으로 유명했다. 항일전쟁 시절부터 혁명가들을 일제의 밀정 또는 장제스의 스파이라는 혐의를 씌워 많은 이들을 처형했다. 당내 사상투쟁을 통해 늘 권력의 향방을 살피던 그에게 걸려들면 불과 며칠 안에 반당·반혁명 활동의 증거가 쏟아져 나왔다. 『아리랑』의 주인공 조선인 혁명가 김산 역시 캉성의 손아귀에 걸려 처형되었다.

대자보의 내용은 6월 1일 밤 라디오를 통해 전국에 송출되었고 마오쩌둥의 '마르크스 레닌주의의 첫 대자보'라는 발언으로 문혁은 전국으로 확산되었다. 마오쩌둥의 〈문화혁명소조〉는 런민르바오로 달려가 편집권을 탈취한 뒤 기사를 만들기 시작했다. 다음 날 마오 쩌둥은 이 대자보를 지지하는 담화를 런민르바오에 발표했고, 「일체 의 자본주의 악귀를 몰아내자」는 기사가 1면 표제로 발행되었다.

다음 날 런민르바오는 「베이다[21]의 1장의 대자보를 환호한다」는 기사와 함께 대자보 전문을 실었다. 전국의 대학과 고등학교에선 "수정자본주의를 쓸어버리자!"는 학생들의 집회가 불길처럼 번졌 고, 학교 수업을 이유로 통제하려 했던 교장과 교사들은 훗날 학생 들에게 머리채를 잡혀 끌려 나와 구타당하거나 투옥되어야 했다.

6월 24일, 베이징 칭화대학(淸華大學) 부속중학교의 담벼락에 '홍 위병(紅衛兵)'이라 작성자를 적시한 대자보가 붙었다. 칭화대 부속중 학생들은 자신들의 대자보 2장을 마오쩌둥에게 보냈고 마오쩌둥은 "2장의 대자보는 … 반동파에 대한 '조반유리(造反有理)'를 설명하고 있다. 나는 그대들에게 열렬한 지지를 보낸다."라는 답신을 중앙 제 8기 11중전회 문건으로 배포했다.

'주석과 사회주의를 수호하기 위한' 친위대인 홍위병은 이 일을

---

21 베이징대(北京大)의 줄임말.

계기로 전국에 우후죽순처럼 조직되었다. '조반유리'란 반란에는 모두 합당한 이유가 있다는 뜻이다. 이후 '혁명무죄 조반유리'라는 슬로건이 전국을 휩쓸었다. 주석의 사회주의 혁명을 방해하는 것들에 대한 폭력은 마오쩌둥의 이 한마디로 모두 정당화되었다.

문혁의 발원지는 왜 베이징이었을까. 앞서 「2월 요강」을 통해 『해서파관』을 옹호했던 5인 소조의 책임자 펑전의 당적 토대가 바로 베이징이었고, 베이징은 초기 공산당 활동 시절부터 단련된 노숙한 중앙위원과 정치국원이 많아 자체의 경험과 풍토가 잘 정립되어 있던 곳이었기 때문이다. 이 건강함이 마오쩌둥의 눈에는 '정변의 근원지'로 비쳤다.

홍위병은 초등학생들까지 나서서 조직될 정도로 광적인 참여도를 보였다. 원한다고 다 가입할 수 있는 것은 아니었다. 내전 당시 홍군의 군복에 붉은 완장을 착용한 홍위병은 출신성분이 좋은 소위 '홍오류(紅五類)'만이 가입할 수 있었다. '붉은 다섯 계층'은 노동자 · 빈농 · 하층 중농 · 혁명군인 · 혁명간부를 뜻했고, 반대로 출신성분이 나빠 문혁 기간 타도의 대상이 되었던 흑오류(黑五類)인 구지주 · 구부농 · 반동 · 악질 · 우파 분자는 가입할 수 없었다.

처음엔 집회 준비와 타 학교와의 연대, 선전 사업에 집중했던 홍위병은 이후 무장조직으로 폭주했다. 전국의 공자 사당과 신당, 교회, 불교 문화재, 불교와 구시대의 이념을 상징하는 국보급 문화재가 파괴되었다. 광란은 이어 만인을 대상으로 자행되기에 이르렀다.

사령부를 포격하라

칭화대 부속중학교의 홍위병 조직 이후 마오쩌둥은 부인 장칭에게 장문의 편지를 보내 자신이 왜 '대란(大亂)을 조직하는지'를 설명했다.

천하대란은 천하대치에 이르는 길이다. … 귀신을 타도하기 위해선 증쿠이(鐘馗: 중국의 역귀를 몰아내는 신)의 힘을 빌려야 한다. 나는 20세기 60년대 공산당의 증쿠이다. 현재의 임무는 전당과 전국에서 기본상 우파를 타도하는 것이다. 7∼8년 이후에 또 한 차례 마귀와 요귀를 쓸어버리는 운동을 벌여야 한다. 이후 또 여러 차례 쓸어버려야 한다. 중국에 반공의 우파 정변이 일어난다면, 내가 단언컨대 그들(수정주의자)도 평온함을 얻지 못할 것이다. 단명할 가능성이 매우 높다. 100분의 90 이상 인민의 이익을 대표하는 혁명가들은 용인하지 않을 것이기 때문이다.

이번 문화대혁명은 한 차례 진지한 연습이다. 어느 지구, 예를 들어 베이징시는 토대가 아주 튼튼하지만 일거에 멸망한다. 어느 기관, 예를 들어 베이징대학과 칭화대학은 구세력의 뿌리가 깊어 제거하기 어렵지만 순식간에 무너진다. 무릇 우파가 날뛰는 지방일수록 그들의 실패는 더욱 참담해지고 좌파가 점점 힘을 쓸 것이다. 이것은 한 차례 전국적인 연습이다.

천하대란이 천하대치에 이르는 길이다. 즉 창조적 파괴를 통해서만이 새 세상을 건설할 수 있다는 말인데, 이는 앞서 설명했던 통일왕조의 붕괴 경험과 소련의 타락을 연구하며 '난(亂)'에 어떻게 대처할 것인가를 고심한 끝에 내린 결론이었다.

이후 문혁이 당 중앙의 명령은 물론 인민해방군과 교전도 불사할 정도로 흉폭해지기 전까지 마오쩌둥은 죄 없는 사람이 주자파로 몰려 살해당해도 눈 하나 깜짝하지 않았다. "돼지 한 마리가 새끼를 낳아도 온 고을이 밤새 시끄럽기 마련"이라며 창조 과정에서의 소요와 참담함을 혁명의 순리로 받아들였다. 그래서 문혁을 대륙의 혁명화를 위한 '한 차례 진지한 연습' 정도로 생각했다.

베이징의 당 기관과 학교가 조반파(홍위병)들의 급습으로 운영이 정지되었다. 홍위병들은 지식인들의 집을 급습해 가택수색하고 당 간부들의 머리에 큰 고깔을 씌우고 얼굴엔 먹물을 칠하고 몸에 대자

· 진짜 중국 이야기 ·

보를 부착시킨 뒤 구타하고 조리돌림했다. 부유한 집안도 예외가 아니었다.

당시 마오쩌둥은 11일간 후난성의 고향에 내려가 정국구상을 다듬고 있었다. 류사오치는 '공작조'를 파견해 시위를 금지하고, 비판 대상 적발을 위해 무차별 가택 수색하는 것과 구타를 금지하는 등 8개항의 지시사항을 전달했다. 조반파들은 공작조와 충돌하며 학내 파견 반대집회를 열면서 공작조를 학교 밖으로 내쫓았다. 하지만 다수의 교수와 학생들은 당 중앙과 충돌하는 것을 지지하지 않았다. 칭화대학교에선 '공작조 옹호' 집회가 열리기도 했다.

고향에서 돌아온 마오쩌둥은 8월 5일 인민대회당에서 중앙 제8기 11중 전회를 열어 베이징 대학교의 조반파 지도자들을 불러 참관시켰다. 이 자리에서 마오쩌둥은 류사오치를 겨냥해 "마귀와 요괴는 여기에 앉아 있다!"라고 일갈한 후 다음 날 인민대회당 벽에 대자보 한 장을 붙인다.

사령부를 포격하라
– 나의 대자보

전국 첫 번째 마르크스 레닌주의의 대자보와 『런민르바오』 평론원의 평론은 어쩌면 그토록 잘 썼는가! 동지들은 다시 한 번 이 대자보와 평론을 읽어 보기 바란다. 50여 일 동안 중앙에서 지방에 이르기까지 아무개 지도 동지는 도리어 반대되는 일을 했다. 반동의 자산계급 입장에 서서 자산계급 독재를 하면서 무산자계급의 기세 드높은 문화대혁

89

명 운동을 타격했다. 옳고 그름이 전도되고, 흑과 백이 헛갈리고, 혁명
파를 포위 소탕하고 다른 의견을 억압했다. 백색공포를 실행해 만족해
하며 자산계급의 위풍을 조장하고, 무산계급의 폐기를 멸(滅)하니 어찌
악독하다 아니할 것인가. 1962년의 우경과 1964년의 '좌형(左形)'에서
실제론 우경의 잘못된 경향과 연결되어 있다. 어찌 사람들을 깊이 반성
하게 하는 것이 아니겠는가?

ㅡ 마오쩌둥

대자보의 내용은 인쇄되어 당 대회에 배포되었다. 사령부를 포격
하라는 말은 류사오치의 후계자 지위를 바꾸겠다는 포고였다. 1966
년 8월 8월 공산당 중앙위원회에서 「프롤레타리아 문화대혁명에 관
한 결정」이 통과되면서 문화대혁명이 공식화되었다. 이날 런민르바
오는 붉은 표제의 호외를 발행했다.

'문화대혁명'이라는 이름이 암시하듯, 문화대혁명은 단순한 정치
투쟁이 아니었다. 낡고 불온한 모든 것들을 쓸어버리는 투쟁이었기
에 피해 대상과 후과를 가늠하기 어려울 정도였다. 처음에 류사오치
와 덩샤오핑, 천원, 5인 소조와 같은 중앙 정치인을 대상으로 했지
만, 이후엔 종교 · 사당 · 교사 · 의사 · 은행원 · 부농 · 할아버지의
출신 성분까지 문제 삼으며 불법적 투옥과 고문으로 확대되었다.
이 기간 모진 학대와 고문 등으로 사망한 사람이 3백만 명이라는
추정이 있지만, 당대를 겪은 이들은 살해당한 자보다 지옥 같은 세

월이 두려워 자살한 자가 훨씬 많았다고 회고한다. 계급의 적으로 지목된 이들은 매일 가택 수색을 당하며 대중 앞에 끌려 나와 참회해야 했고, 결백을 주장하는 이들은 홍위병들에게 둘러싸여 몇날 며칠을 '교화(敎化)'라는 명목으로 고문당해야 했다. 방식도 점점 잔인해져서, 나중엔 국민당 특무기관이나 일제 첩보기관원들이 자행했던 고문 기술이 동원되었다.

이런 일에 앞장 선 이들 중 중학생이 단연 많았다. 그들은 학교에서 마오쩌둥과 홍군의 혁명 신화를 접했고, 자신들이 중국 혁명에 역할을 했으면 좋겠다는 정념에 사로잡혀 있었다. 중국 해방을 위해 싸웠던 혁명 노투사들이 혁명을 모르는 중학생들에게 끌려 나와 혁명이라는 이름으로 구타당하고 고문당했다.

> 랴오닝성 공산당 간부 중 장즈신이라는 헌신적인 여성 당원이 있었다. 그녀가 류사오치 타도를 반대하자 당 중앙은 그녀를 반혁명 분자로 규정했다. 홍위병들은 그녀를 트럭에 태우고 총살하려 했다. 죽기 전의 그 순간에도 그녀는 중국공산당 만세를 외쳤다. 홍위병들은 이 상황을 용납할 수 없었다. 그래서 그들은 그녀의 혀를 철사로 꿰어 그가 공산당 만세를 외치려 하면 철사를 뒤에서 잡아당겼다. 피투성이가 된 그녀는 더는 공산당 만세를 외칠 수 없었다.[22]
>
> ─ 쉬여위. 중국사회과학원 철학연구소 교수. 당시 홍위병

와중에 장칭은 라디오 연설을 통해 "류사오치는 아주 극악무도한

반혁명분자이며 매국노에 스파이다. 류사오치는 수많은 동지들을 팔아먹었다. 류사오치, 이 매국노를 천 번, 만 번 갈기갈기 찢어 죽여야 한다."며 홍위병들에게 더 잔인한 숙청을 주문했다.

류사오치의 아내 왕광메이(王光美)[23]는 간첩죄의 누명을 쓰고 감옥으로 끌려갔고, 큰아들 류원빈은 자살했다. 장녀 류아이친은 구타당한 뒤 외양간에 감금되었고, 둘째 아들 류윈뤄는 장칭의 거명으로 투옥되어 8년 후 사망했다. 가장 어린 6살 딸은 부모 없이 보모의 손에 자랐고, 18세 딸과 16세 아들은 학교에 다니던 중 체포되어 투옥되었다. 류사오치는 유폐된 채 폐렴과 당뇨를 앓다 1969년 감호시설에서 사망했다. 후에 '류웨이황'이라는 가명으로 화장되었다.

이 기간 학교는 모두 문을 닫았고, 의사들이 모두 끌려갔기에 병원에선 메스 한 번도 잡아 본 적 없는 대학교 1학년생이 수술을 집도하기도 했다. 마오쩌둥은 8월 18일 100만 홍위병을 접견한 이후 보름에 한 번씩 지방에서 올라온 홍위병들을 접경하며 그들의 기세를 돋우었다.

구사상·구문화·구풍속·구관습을 타파한다는 4구 타파(四舊打

---

22 "중국의 붉은 10년, 문화대혁명". KBS. 2006년 10월 28일 방영.

23 왕광메이는 중국 인민들이 가장 좋아했던 '퍼스트레이디'였다. 우아한 외모에 물리학 박사라는 학력, 유창한 영어와 매너로 류사오치 원수의 외교 무대엔 늘 왕광메이가 있었다. 장칭은 자주 왕광메이에 비교당했다. 장칭의 시기심이 이러한 비극을 만들었다고 보는 이들도 많다.

破) 운동은 중국을 무정부 상태로 몰아넣었다. 2년 후인 1967년 8월 5일엔 300만 명의 홍위병이 톈안먼 광장에 집결해 '류사오치 덩샤오핑 타도대회'를 열었다. 너무나 많은 인재들이 이 과정에서 목숨을 잃었고, 치욕을 견디다 못해 자결했다.

이후 홍위병들은 파벌을 나눠 서로 충돌했다. 1968년 여름 문화대혁명이 햇수로 3년을 경과할 때 조반파의 무장투쟁은 인민해방군 부대와 병기창을 습격하는 수준으로 치달았다. 국영은행과 상점, 공공건물이 불에 탔고, 철도와 도로도 마비되었다. 모든 학교가 문을 닫았다. 홍위병들은 시설물을 보호하던 인민해방군과 총격전을 벌였고, 노선이 다른 파벌들은 사제 총을 만들어 각기 무장투쟁을 벌였다.

지금도 충칭엔 잡초 무성한 '홍위병 무덤'이 남아 있다. 이 과정에서 죽은 무연고 홍위병들의 시신을 묻은 묘역이다. 당시 중국의 암흑은 칠흑보다 깊었다.

문혁이 부른 개혁개방

1980년 2월 29일 밤, 중국 국영TV는 특집 방송을 통해 류사오치 날조 오심 사건을 조망하며 그를 추모했다.

> "류사오치 동지는 위대한 마르크스 레닌주의자이고, 공산주의를 위해
> 평생을 분투한 무산자계급 혁명가다. 과거 류사오치를 중상모략, 모함,
> 위조한 자료와 모든 사실에 맞지 않는 주장은 완전 무너졌다."

당 권력을 얻은 덩샤오핑은 베이징 인민대회당에서 류사오치 추도대회를 장중하게 엄수했다. 이날 덩샤오핑은 세월을 견뎌 살아남은 류사오치의 부인 왕광메이의 손을 잡고 "우리가 이겼습니다! 울지 마십시오!"라며 위로했다. 당 중앙이 정국에 조기 게양을 지시했고 모든 문예 활동을 금지했다. 류사오치 사망 11년 만의 일이다.

1976년 10월 6일, 마오쩌둥이 사망한 지 28일 만에 4인방은 체포되어 투옥되었다. 저우언라이의 죽음을 계기로 인민들은 4인방에 대한 분노를 숨기지 않고 드러냈다. 주석의 후계자로 알려진 화궈펑(華國鋒, 화국봉)과 인민해방군 원수 예젠잉(葉劍英, 섭검영)은 비상시기에 비상하게 움직였다. 장칭과 장춘차오에겐 사형이 선고되었고, 양훙원은 종신형, 야오원위안은 20년 형을 선고받았다. 녜위안즈를 비롯한 조반파 지도자들은 반혁명죄로 7년에서 11년 형을 언도받고 투옥되었다. 4인방의 몰락에 인민들은 광장으로 나와 춤을 추며 환호했고, 수산시장에선 암컷 한 마리와 수컷 3마리를 묶음상품으로 팔며 4인방의 몰락을 조롱했다.

1981년 6월 27일에 개막한 중앙 제11기 6중전회에서 덩샤오핑은「건국 이래 당의 약간의 역사문제에 대한 결의」를 통과시켰다. 이 '역사결의'는 덩샤오핑이 장장 1년에 걸쳐 준비했고, 당 고위직 5천 6백여 명의 토론을 거쳐 확정했다. "문혁은 마오쩌둥이 발동했고, 문혁 10년 동안 당과 국가와 인민은 가장 큰 좌절과 손실을 입었다."고 밝혔다. "문혁은 반혁명집단에 이용되어 큰 재난을 일으킨 내란이었고, 마오는 과오를 범했고, 그 과오는 적지 않다. 다만 그의 공적이 1위고 과오가 1위다."라는 내용이 포함되어 있었다.

중국공산당은 이로써 처음으로 영도자의 무오류성을 부정하고 과오를 천명했다. 덩샤오핑은 중앙지도자들과의 담화에서 "마오쩌둥의 공과를 평가함에 있어 그의 사상을 빼고 하는 평가는 타당하지 않다. 마오쩌둥 사상을 부정하면 우리 당의 역사 모두를 부정하게 된다."며 "당은 30년간 많은 과오를 저질렀지만, 결국 우린 혁명을 성공시켰고, 중화인민공화국은 다시 세계적인 지위로 우뚝 섰다."고 평가했다. 그는 마오쩌둥이 중국공산당의 역사이며, 이를 부정하면 당의 역사를 위배하게 된다고 말해 문혁 기간 처참한 고통을 견딘 당 간부들의 울분을 억눌렀다.

하지만 덩샤오핑은 말년에 문혁에 대한 자신의 평가, 즉 "3할 과오 7할 성과"라는 표현을 부정했다. "3할의 과오는 모든 것을 타도하는 전면 내전이었다. 이것이 어떻게 70퍼센트의 성과와 연결될 수 있는가."라고 밝혔다. 즉, 모든 것이 타도되었는데, 성과가 어떻게 온전히 남을 수 있겠는가라는 뜻이다.

|

사람들의 영혼을 앗아 간 문혁

중국의 당사 연구자들에게 '문혁'은 언제나 뜨거운 감자였다. 문혁의 광풍 속에서 주도적으로 참여했던 학생들은 20년이 지난 후 중국의 중장년층을 점유했다. 그들은 희생자들에겐 명백한 가해자이지만, 당사(黨史)의 맥락에서 보면 공산당에게 동원당한 피해자이기도 했다.

문혁이 국가기관을 파괴하는 광기로 치닫자 마오쩌둥은 '지식인은 반드시 농민 노동자 계급과 결합해야 한다.'는 명목으로 이들을 농촌으로 하방(下放)시켰다. '홍위병 5대 영수'라는 조반파 지도자를 직접 만나 지시했기에 누구도 이 명령을 거역할 수 없었다.

하방으로 문혁은 사실상 종결되었다. 어제까지 붉은 완장을 차고 구호를 외치며 린치를 가했던 홍위병들은 지방의 집단농장과 공장에 배치되었다. 이들에게 차려진 것은 조악한 식사와 무너진 외양간을 개조한 숙소, 그리고 끝없는 노동이었다. 이들은 장기간 노동으로 인해 만성적인 질병을 얻었고, 의료 혜택도 받지 못했다.

가장 큰 문제는 교육이었다. 문혁 10년 동안 중국의 학교는 문을 닫았다. 이들의 지식은 『마오 어록』과 『레이펑(雷锋, 뇌봉) 일기』[24]에 나오는 시구 정도를 암송하는 수준이었다. 이들은 이전 이후 세대, 중국 역사를 통틀어 가장 교육수준이 낮은 집단으로 평가된다.

이들은 국영기관에 배치되어 중노동을 했지만, 이후 중국의 개혁개방 노선으로 인민공사에 소속된 기관들이 대부분 민영화되자 다시 직장을 잃었다. 사회적 시선도 곱지 않았다. 이들의 자녀들은 학교와 당에서 문혁의 광기를 배웠고, 부모에게 "당시 아버지(어머니)는 어떻게 처신하셨나요?"라고 물었다. 역사적 · 사회적으로 배제당한 이들은 오직 함께 하방을 왔던 동료와 동시대의 아픔을 간직한 동년배의 친구들뿐이다.

직장을 잃은 이들이 매일 광장에 모여 하방 기간 배웠던 춤을 춘

---

24 레이펑은 1962년 사망한 인민해방군 병사로, 평소 열정적으로 과업과 인민에 봉사했다. 그의 사후 발견된 일기는 더 인상적이었다. 당 중앙의 지시로 전 인민의 필독서가 되었다.

것이 바로 광장무(廣場舞)인데, 새벽이고 밤을 가리지 않고 춤을 추기에 중국 젊은이들은 이들을 한국의 '억센 아줌마'를 대하듯 대한다. 실제로 중국인들은 이들을 '따마(大媽, 큰어머니라는 뜻)'라고 부르는데, 극성스럽다는 뜻이 내포되어 있다.

지난해 후난(湖南)사범대학의 황융쥔(黃勇軍) 교수는 중국 각지 1,000여 명의 따마를 조사한 후 흥미로운 결과를 내놓았다. 황 교수는 광장무의 유래를 1990년대 국유기업 구조조정으로 잡았다. 당시 직업을 잃은 대량의 따마들은 시간이 많지만, 돈이 없었다. 이들은 광장이나 동네공터에 모여 음악을 틀고 광장무를 췄다. 이들은 보통 60대의 중년여성으로, 1960년대와 1970년대 문화대혁명 시기에 유년기를 보냈다. 당시 중학생 고등학생들은 대거 홍위병이 되어 극단적인 집단주의를 추구했다. 매일같이 광장에 모여 줄을 맞춰 도열한 후, 함께 주자파를 비판하거나 마오쩌둥을 찬양하는 등의 과격한 정치운동을 했던 경험이 있다. 지금도 따마들은 군무를 출 때 앞줄과 뒷줄의 간격을 맞춘다. 따마들은 이처럼 집단이 되어 광장무를 추면서 존재감과 자기만족감, 안전감 등을 느낀다는 게 황 교수의 분석이다.[25]

다만 이들에게는 당에서 공여한 주택 한 채가 있다. 지역 개발로

---

25 "광장무 추는 따마, 과거 홍위병에서 세계경제 큰손으로", 「아주경제」, 2015년 2월 1일자.

일확천금의 수용자금을 벌어들인 이들도 있고, 부동산 가격 폭등으로 아예 집 장사에 뛰어들어 돈을 번 사람도 있다. 물론 모두가 그런 것은 아니다.

경제가 악화일로를 걷자 1973년 마오쩌둥은 덩샤오핑을 캄보디아 시아누크공 환영연회로 불러 사실상 그의 복권을 천명했다. 칼바람 속에서도 덩샤오핑의 재능을 아꼈던 마오쩌둥은 그의 당적 박탈을 요구하는 장칭의 집요한 청원에도 덩샤오핑만은 건들지 못하게 했다. 군사 경험과 국정, 외교와 경제 분야에서 두각을 보이던 인재들이 모두 죽은 마당에 덩샤오핑은 만신창이가 된 중국을 구원할 수 있는 유일한 당 간부였다.

대약진운동과 문화대혁명은 중국공산당에겐 씻을 수 없는 반면교사가 되었다. 즉, 덩샤오핑의 실용적 개혁개방노선인 선부론(先富論)이 당내 일부 반발을 뚫고도 정착할 수 있었던 요인은 문혁을 거치며 마오쩌둥의 이상적 노선에 염증을 느낀 인민의 한결같은 지지 덕분이었다. 개혁개방 노선의 실행 이후 중국은 꽤 오랜 기간 9%의 경제성장률을 기록했다. 남부 연안을 중심으로 경제특구는 상전벽해의 불야성을 이루고 있다.

|

신의와 도덕의 공동화

하지만 문혁 종결 40년이 지나도 복원되지 않는 것들이 있다. 그

것은 바로 중국인의 가치관이다. 중국인은 원래 천진난만했고 진실했다. 사람 사이의 신의를 가장 중요하게 여겼고, 지금과는 비교할 수 없을 정도의 도덕관념과 공동체와 이웃에 대한 책임감을 지니고 있었다.

대약진운동에 전 인민이 순응하며 나섰던 이유는 마오 주석과 공산당을 신뢰했기 때문이다. 당시 많은 인민들은 실제로 중국이 10년, 15년 상간에 영국을 넘어 미국과 어깨를 나란히 할 줄 알았다. 문화대혁명 와중에도 끝까지 당적 양심을 지키기 위해 모진 학대를 당하면서도 반성문 한 장을 쓰지 않고 고개를 치켜들었던 의인들이 부지기수였다.

하지만 문화대혁명은 중국인의 성품을 단박에 쓸어버렸다. 문화대혁명은 결국 도덕의 공동화(空洞化)를 만들었다. 순박하고 열의 넘치던 눈빛은 문혁을 거치며 경계심과 의구심 가득한 눈빛으로 대상을 살피게 만들었고, 타인에 대한 선행과 신뢰에 대한 가치를 붕괴시켰다. 약간의 비상시국이 닥치면 타인을 밟고서라도 생존하겠다는 격렬한 투쟁 본능이 발동된다.

문화대혁명을 겪은 중국공산당은 정치 시스템도 혁신했다. 당권이 특정 1인에게 과도하게 지배되는 것을 막고, 개인숭배 대신 당내 토론을 장려하며 사회주의 건설을 지속성을 보장하기 위한 독특한 권력 승계 시스템을 창조한 것이다.

문혁을 거치며 중국공산당은 2개의 기본 노선을 확고히 할 수 있었다. 하나는 개인숭배와 1인 지배영도체제에서 집단지도체계로 헌법과 당장(黨葬)을 수정한 것이다. 그리고 또 하나는 현실을 토대로 이념과 노선을 적용한다는 '실사구시'다. 중국공산당은 이 금칙을 얻기 위해 인류사에 유례없는 희생을 치러야 했다. 오늘날 중국의 형상과 중국인의 마음은 이렇듯 가장 참혹한 역사에서 빠져나오며 만들어진 것이다.

현재 시진핑 주석의 공산당 정치체제에 세계의 관심이 집중되고 있는 이유 또한 여기에 있다. 시진핑 주석은 중국공산당 역사상 최초로 국가 주석 연임제한 규정을 폐지(2018년)하고 세 번째 총서기 취임을 했으며, 65세 이상 간부의 정치국 취임 연령제한 규정을 풀었고, 공식적으로 후계자를 공표하지 않은 최초의 국가 주석이다.

또한 각종 당의 공식 표현에서 '시진핑 사상'이라는 명칭을 사용하고 이를 마오쩌둥 사상과 동일 반열에 올리는 데 성공한 최초의 공산당 최고지도자다. 시진핑 주석은 중화민족이 겪은 '백년국치와 내전'의 종결(대만 통일)을 통한 세계 최강국 중국을 꿈꾸고 있다. 그래서 자신의 임기가 중화민족 역사에서 특별히 중요한 기점이라고 판단한 듯하다.

덩샤오핑이 만든 '집단협의체에 의한 영도'가 '1인 지배체제'로 회귀하는 것이 아닌가 하는 일각의 우려가 있지만, 덩샤오핑이 구축한 중국 지도체계의 본질은 바뀌지 않을 것이다. 시진핑 주석의 지배력은 덩샤오핑 주석 이래 최고지만, 집단지도체제가 1인 영도체제로

완전히 전환된 것은 아니다. 여전히 공산당 중앙의 협의체 전통은
유지되고 있다.

100년의 꿈과
차이나 모델

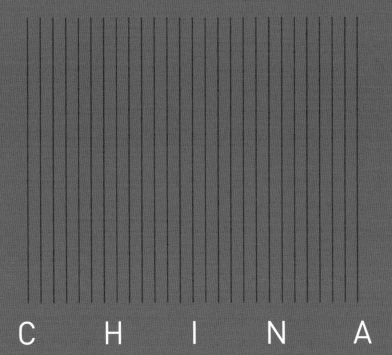

CHINA

현능주의 정치모델

2022년 영국경제경영연구소(CEBR)는 "미국의 성장률이 당초 예상치를 웃돌고 있다."면서도 "2030년 중국이 미국을 제치고 세계 1위 경제 규모를 달성할 것"으로 내다봤다. 중국 정부가 천명한 미국 경제 추월 시점인 2035년보다 5년이나 앞선 전망치다.

미국의 디커플링 조치와 팬데믹 시절 중국의 공장을 베트남이나 인도, 말레이시아로 옮긴 기업들로 인해 중국의 경제성장률이 둔화되긴 하여도 2025년까지 연평균 5.7% 전후, 2030년까지는 4.7%를 유지해서 다수의 선진국보다는 높은 경제성장률을 기록할 것으로 추정했다. 2001년 빈곤 국가였던 중국이 세계무역기구에 합류할 당시 20년 후의 중국이 미국의 패권을 위협할 수준의 G2 국가로 급부상할 것으로 예측한 경제학자는 없었다.

오히려 중국의 글로벌 체인 합류를 용인했던 당시 클린턴 미국 대통령은 미래의 어느 시점, 중국의 개혁개방은 미국산 상품의 판매와 기업 진출에 큰 이익이며, 중국과의 교역 확대로 고질적인 미국의 인플레이션을 잡을 수 있을 것으로 기대했다. 무엇보다 서방 자본주의 경제정책의 도입은 결국 정치적 자유로 이어져 소련과 같은 체제 급변 사태를 맞이할 것으로 예상했다.

미국이 기대했던 전자의 효과, 즉 미국의 다국적 기업의 중국 진출과 물가 안정은 현실화되었다. 하지만 후자의 예측은 크게 어긋났다. 중국은 중국식 사회주의 정치체제를 공고히 했고, 무엇보다 대중의 동요가 거의 없었다. 중국의 정치적 안정성은 그 어느 때보다 크다는 평가를 받고 있다.

중국의 부상으로 국제관계 전문가들이나 정치학자들은 중국식 정치 시스템을 연구하기 시작했다. 서방 자유주의 정치철학의 토대는 시장의 자유, 신분제의 철폐가 번영을 가져온다는 것이었다. 자유 시장에서 상품의 경쟁력이 높아지듯, 사상과 정치라는 시장에서도 자유로운 경쟁(예를 들면 정당의 공천과 선거를 통한)을 통해 유능한 정치인을 선출할 수 있다는 것이다.

특별히 유능한 정치인을 선출해야 하는 이유는 역설적이게도 1인 1표라는 시민의 권력은 오직 선출에만 관여할 수 있기 때문이다. 선출 이후의 모든 정책 결정은 권력을 위임받은 선출직 공직자들이 행사한다. 그러나 이런 관점으로 중국을 '일당독재'로만 규정해선 중국의 약진을 설명할 길이 없었다.

그러던 차에 캐나다의 정치학자인 대니얼 A. 벨 교수의『차이나 모델: 중국의 정치지도자들은 왜 유능한가』(2017)라는 책이 나왔다. 그는 서구의 정치 시스템을 이해하기 위해서 서구의 근대 자유주의 철학을 알아야 하듯 중국의 정치 시스템 역시 한족의 유가적 전통과 역사 속에서 파악해야 한다고 주장했다. 그는 중국의 정치체제를 '현능주의 정치체제'로 규정한다.

현능(賢能)정치란 덕이 있고 유능한 지도자의 리더십으로 그 빛을 발하는 정치를 뜻한다. 현능주의를 서방의 정치학계에선 'meritocracy'로 표기하는데, 이를 한국어로 직역하면 능력주의, 실적주의, 업적주의다. 이는 주로 부의 분배 기준이 신분과 계급적 배경이 아닌 노력과 능력에 따라 이뤄져야 한다는 개념에서 출발했다.

그런데 '현능(賢能)주의'에서의 '현능'은 능력뿐 아니라 덕성까지 포괄하고 있는 개념이다. 동아시아에서 전통적으로 성군과 군자의 덕목으로 꼽는 인(仁), 민중에 대한 자애로움과 헌신이라는 개념이 현능주의에 들어가 있는 것이다.

벨 교수는 중국의 현능주의를 작동시키는 핵심 장치가 인재 등용이라고 주장했다. 즉, 중국공산당의 관료 교육과 선발, 검증과 훈련 과정이 중국식 사회주의가 요구하는 과학기술지식과 현대적 감각으로 무장한, 동시에 해안의 공업지대와 내륙의 빈곤한 농업지대를 모두 경험한 관료를 생산한다고 본 것이다.

물론 중국의 지식인과 관영 TV에선 이 책을 분석하며 소개했다. 중국식 사회주의 제도의 우월성을 홍보하기에 좋은 자료였으니까.

그가 중국 매체와 인터뷰하는 횟수가 늘어날수록 그에 대한 자유주의 정치학계의 공격도 거세졌다.

대니얼 벨 교수는 '지중파(知中派)' 지식인이다. 그는 중국의 개혁개방 시절부터 교환학생으로 들어와 중국을 연구했고, 캐나다에 돌아가서도 중국의 관점에서 본 칼럼을 기고해 서방 정치학자들의 숱한 비난을 받았다. 그는 단편적인 칼럼을 통해선 결코 중국식 사회주의 제도를 서방에 이해시킬 수 없을 것으로 생각했다. 그래서 '읽고 연구해 볼 만한 책을 써내기로 했다'고 한다.

물론 그의 주장에 대한 반론도 만만치 않다. 하지만 적어도 정치학자들은 '1인 1표제', 즉 다당제를 기반으로 한 직접민주주의 제도가 절대적으로 우월하지만은 않다는 주장에는 동조한다. 과거 "어떤 시스템이 더 좋은가?"라는 논점에서 "각 시스템엔 어떤 강점과 약점이 존재하는가?", "얼핏 대립적으로 보이는 두 개의 시스템을 통합할 순 없는 것일까?"로 발전한 것이다.

1인 1표제의 종언

정치학자들이 현능주의에 높은 관심을 가지게 된 이유는 중국의 약진 외에도 UAE, 사우디아라비아, 카타르 등의 왕정체제의 '효율성'에 대한 연구가 진척되면서부터이다. 무엇보다 정치학자들은 "다당제와 1인 1표제라는 정치체제는 '국민 행복'과 연관성이 있는가?"라는 질문을 던지기 시작했다.

양극단으로 갈라져 통합력을 완벽히 상실한 미국식 민주주의의 위기와 대중에 대한 프로파간다로 '브렉시트(brexit)'에 성공했지만 그 결과에 대해선 책임지지 못하는 영국식 정치제도의 맹점, 3차 국가부도 사태를 맞으면서도 여전히 방대하고 무거운 관료체제를 혁신하지 못하고 있는 그리스 등은 자유방임주의에 기반한 정치 시스템의 무책임성을 보여 준다.

민주주의가 불편하고 하나의 결정에 오랜 시간이 걸린다는 것은 익히 알려진 사실이지만, 언제부터인가 민주주의가 국민 다수의 의사를 반영하지 않고, 정치적으로 과잉 대표된 소수의 입장을 대변한다는 의심도 받고 있는 것이다.

플라톤과 존 스튜어트 밀, 공자와 쑨원에 이르기까지 동서양의 정치 사상가들 모두가 고심한 것은 현명하고 정당한 판단을 내릴 수 있는 유능한 인물을 어떻게 발굴해서 정치를 맡길 것인가에 대한 것이었다. 그래서 20세기 이전 민주주의의 최대 화두는 "누구를 뽑을 것인가?"였다. 다시 말해, 누구에게 국정을 맡길 것인가에 대한 문제다.

국민은 정치적 삶을 살고 정치적 영향력을 행사하지만, 국정이나 공적 영역에서의 정책을 결정하진 못한다. 그저 맡기고 요구하거나 감시할 수 있을 뿐이다. 이를 보완하기 위해 북유럽 국가들은 시민이 공공의 영역에서 국가 정책을 실행할 수 있는 거버넌스(governance) 제도를 아예 정치 시스템으로 구축해 놓았다. 하지만 다수의 국가 정부는 이 거버넌스 제도를 귀찮은 장식품 정도로 대하고 있다.

유럽에서 전 국민에게 차별 없이 참정권을 부여한 지는 100년밖에 되지 않았다. 1인 1표제와 다당제에 따른 정권 교체 기능이 국민을 행복하게 해 주는가는 아직 역사적으로 검증되지 않았다. 오히려 1인 1표 직선제의 욕구가 분출한 나라들은 주로 부패하고 폭압적인 권위주의 정권의 지배를 받은 곳이다.

그 대표적인 나라가 한국이다. 한국 국민이 피로 쟁취한 1987년 직선제 개헌이란 민의로 독재정권을 무너뜨릴 수 있는 헌법적 권한을 뜻했다. 또는 실수로 잘못된 지도자를 선출했더라도 4년이나 5년 후에는 그를 교체할 수 있는 권능이 바로 직선제라는 장치다.

한국에선 정권 교체가 민주주의의 증거로 정착된 듯하다. 정권이 바뀔 때마다 당선자는 위대한 국민의 승리라고 규정한다. 그런데 몇몇 경우는 득표 차이가 거의 의미 없을 정도로 미미하다. 가령 50.2%로 당선된 자와 49.8%로 낙선한 자가 발생하고, 이는 남은 5년의 임기 동안 분열의 씨앗이 된다. 국민적 통합은 애초에 불가능하다.

민주주의 국가의 유권자들은 때로 검증되지 않은 지도자를 뽑고 후회하는 일도 많다. 그래서 헌법과 법률로 선출직 공직자가 해서는 안 되는 일들을 깨알같이 규정해 놓고, 정권이 교체되면 전임 정권의 공직자들이 검찰 수사를 받는 것이 관행이 되었다. 다시 말하자면, 민주적 장치라는 것은 어떤 일을 더 유능하고 효과적으로 잘하기 위한 것이라기보다는 나쁜 권력자가 나쁜 일을 하지 못하도록 감독하기 위한 것이 아닐까.

그래서 최근의 자유주의 정치학자들은 민주주의 효능에 대해 다음과 같이 말하곤 한다.

"과거와 달리 현대 민주주의 국가에선 어떤 통치자를 뽑느냐가 중요한 것이 아니다. 설령 투표 결과 나쁜 지도자가 선출되었더라도 그가 헌법

110

과 법률에 위배되는 행동을 하지 못하도록 막거나 이후에 선거를 통해 그를 바꿀 수 있는 민주적 선거제도를 정착시키는 일이 훨씬 중요하다. 그것이 민주주의의 본뜻이다.”

이렇듯 현대의 민주국가에선 좋은 통치자를 선출하는 것보다 그 통치자가 시민의 인권과 자유를 침해하지 못하도록 막는 장치가 더욱 중요해진 것처럼 보인다. 왜 이런 일이 발생하는 것일까? 그 이유는 선출직 공직자에게 요구되는 미디어 정치의 특성 때문이다.

현대 사회에서 유권자에게 참정권이 주어지지만, 선출직 공직자가 되려는 이들을 온전히 파악하기란 거의 불가능하다. 과거 권위주의 시절부터 민주화 과정까지 정치의 주역이었던 '3김(김대중·김영삼·김종필)'의 경우 유권자들은 오랜 세월 동안 그들의 정치 행보를 지켜보며 판단할 수 있는 근거가 있었다. 적어도 그들은 좋은 쪽이든 나쁜 쪽이든 세월을 통해 충분히 검증된 인물이었다. 하지만 지금은 그와 같은 정치인이 몇 명이나 될까.

정치인에게 요구되는 자질과 선거에서 이길 수 있는 능력은 차이가 크다. 현대의 선거제도는 정말로 유능한 공직자를 선별하기에 적합한 제도일까? 한국의 정당은 정말로 장기적인 국가 전략을 수립할 수 있는 안목과, 미래 산업에 대한 정책 능력을 중요한 자질로 꼽고 있을까?

흥미로운 점은 기업이나 병원과 달리 정치 지도자에게는 경험과 전문성을 요구하지 않는 투표 제도가 절대적 지지를 받고 있다는 점

111

이다. 기업이나 대학, 또는 큰 단체들이 자신의 최고 지도자를 뽑을 때 같은 분야에서의 경험과 이력을 가장 중요하게 보는 것과 달리 유독 정치권력의 획득에는 그런 것이 중요하지 않다. 1인 1표의 원칙에 따라 선출되기만 하면 경험의 유무나 심지어 수많은 비상식적 전과조차 문제되지 않는다는 점이다.

2013년 10월, 출처가 모호한 얍삽한 만화 동영상 하나가 인터넷에 떠다녔다. 두 주일 동안 1천만 이상 조회 수를 기록한 이 동영상은 서로 다른 나라에서 지도자가 선택되는 서로 다른 방식을 대비시킨 내용이었다.

먼저 버락 오바마 대통령의 혜성 같은 등장이 그려져 있다. 수억 달러 캠페인 비용을 들여 1인 1표 원칙에 따른 전국선거의 행태로 나타난 승리, 그 과정에 '민주주의' 딱지가 붙어 있었다. 또 한편 시진핑 주석이 중국 최고의 권좌에 오르는 수십 년의 도정이 그려져 있다. 지방 말단 현급의 초라한 자리에서 시작해 시(市)급, 성(省)급, 부(部)급을 거쳐 중앙위원회, 정치국, 그리고 마침내 정치국 상무위원회에 이르는 승진의 모든 단계에서 그 정치적 지도력을 입증할 엄격한 심사를 겪어 온 과정, 여기에는 '현능주의' 딱지가 붙어 있었다.[26]

---

26 대니얼 A 벨, 김기협 역, 『차이나 모델 중국의 정치 지도자들은 왜 유능한가』, 서해문집(2017), p. 13.

• 진짜 중국 이야기 •

독일의 사회학자 막스 베버(1864~1920)는 저서 『직업으로서의 정치』에서 정치인에게 필요한 자질 세 가지를 꼽았다. 신념윤리와 책임윤리, 그리고 목측능력이다.

신념윤리에선 행위자의 선한 의지와 신념이 중요하다. 다소 종교적이며 사상적인 윤리 동기가 중요하다. 다만 이 경우 일이 잘못되어도 그 의도가 선했다면 책임지지 않는다는 맹점이 있다. 신념윤리만 있다면 자신의 목적을 위해 정치권력으로 사람을 희생시킬 수 있다. 정치권력은 필수적으로 공권력(행정력)을 동원하기 때문이다. 결국 이런 일이 반복되면 사람들은 정치와 정치인을 신뢰하지 않을 것이다.

이런 이유로 책임윤리가 필요하다. 책임윤리는 자신의 행위로 인한 결과에 책임을 진다는 더욱 고도의 정치적 능력이다. 그리고 목측능력이란 직접 실행하거나 실험하지 않더라도 추상을 통해 행위 결과를 예측하고 균형을 잡을 수 있는 통찰력을 의미한다.

2022년 취임했던 트러스(Liz Truss) 영국 총리는 쇠약해진 영국을 다시 세계 질서를 주도하는 강국으로 만든 제2의 대처 총리가 되겠다고 공표했다. 그녀는 우리 돈 70조 원에 달하는 규모의 감세 정책을 발표했다. 소득세율을 기존 20%에서 10%로 내리고 최고세율도 기존 45%에서 40%로 인하한다는 파격적인 발표였다. 영국 45년 역사상 최대의 감세 계획이었다.

하지만 450억 파운드를 감세하겠다는 정책은 시장에 그 정도의 돈이 풀린다는 것을 의미했고, 국고 손실이 450억 파운드 규모로 발생한다는 것을 뜻한다. 시장에 돈이 풀리면 응당 파운드화의 가치는 더 떨어지고, 국고가 부족해지면 이후 국채를 발행하는 것이 뻔한 수순이다. 이 경우 영국 국채 금리는 오르고 국채 가치와 파운드화의 가격은 바닥을 칠 것이 분명했다.

감세 발표 이후 국채 금리가 5.1% 상승률을 찍자 채권자들은 공황에 빠졌다. 국채 가격이 급락하고 반대로 신규 국채 수익률이 급증하자 연기금에 맡긴 담보채권 가치 역시 폭락했다. 트러스 총리 재임 후 한 달 남짓한 기간, 영국 정부의 부채는 720억 파운드(약 115조 5,449억 원) 늘었고, 파운드화는 1파운드당 1달러 수준으로 곤두박질쳤다. 당시 영국의 재정부채비율은 100%였다.

트러스 총리는 사임했지만, 브렉시트로 휘청거리던 영국 경제는 치명타를 입었다. 사임한 트러스 총리도, 검증되지 않은 가짜뉴스로 브렉시트에 대한 프로파간다를 전개했던 전임자 보리스 총리도 모두 책임지지 않았다. 그들이 선한 의도로 실행했던 정책은 영국 국민의 삶의 무게를 가중시켰다.

그리스 정치인들은 표를 얻기 위해 불가능한 복지를 약속해 왔고, 그리스 민중들은 선거 시기마다 이러한 정치인에게 표를 몰아주었다. 결과는 반복되는 국가부도와 대량 실업이었다.

내셔널지오그래픽에 따르면 2019년 '미국 인구의 89%'만이 지구가 둥글다는 것을 믿고 있다고 답변했는데, 20대의 66%의 응답자만

이 지구가 둥글다고 믿는다고 밝혔다. 트럼프 지지자들은 2021년의 선거가 명백한 부정선거라고 확신하고 있다. 트럼프 캠프에선 개표 막판에 바이든 표가 급증한 것을 의심하며 부정선거를 주장하고 나선 것이다.

선거 후 조사에 따르면, 미국인 중 26%가 부정선거를 확신하고 있었으며 공화당원 중 60%가 부정선거를 의심하고 있었다. 부정선거를 확신한 트럼프 지지자들은 국회의사당으로 총을 들고 난입했다. 책임윤리와 목측능력 없이 신념윤리만을 가진 지도자의 출현은 1인 1표 민주주의 제도에선 무척 흔한 일이다.

중국의 정치모델을 비판하는 서방을 향한 발언을 소개한다. '중국의 조지 소로스'라고 평가받는 에릭 리가 중앙일보와 인터뷰한 발언이다.

> "서구식 자유민주주의를 천편일률적으로 전 세계에 적용시키겠다는 이데올로기가 바로 서양을 힘들게 하고 있습니다. 저는 감히 민주주의 자체를 비판하려고 하는 것이 아닙니다. 민주주의가 서양의 발전에 기여했고, 현대 사회를 만드는 데 중요한 역할을 했다고 생각합니다. 저는 서양이 자신의 자유민주주의 시스템을 아프리카 · 중동 · 아시아에 보편적으로 적용하려 드는 오만을 비판하는 것입니다. 이 '지만'이 서양이 앓고 있는 병의 근원입니다. 그것보다 자신들의 국정 운영에 힘을 썼으면 하는 바람입니다.

중국의 정치 모델은 서구식 자유민주주의를 대체하지 않을 것입니다. 왜냐하면 중국의 정치시스템은 후자처럼 감히 보편적이고 절대적인 가치라고 하지 않기 때문입니다. 중국 모델은 수출될 수 없습니다. 바로 이게 제가 말하려는 요점입니다. 중국 모델이 대체재가 되고 싶다는 것이 아니라 지구상의 다양한 정치 모델이 성공적으로 공존할 수 있다는 말을 하려는 것뿐입니다.

저는 프랜시스 후쿠야마가 전 세계 모든 나라가 자유민주주의를 택할 것이라고 했는데 세상이 이렇게 다 똑같으면 무엇보다 재미가 없습니다. 다른 나라에 더 이상 어떤 식의 정치 시스템을 강요하지 맙시다. 이제 보편성이 아니라 다양성을 말합시다. 정치 모델의 다양성을 인정하는 순간 21세기는 더 흥미로워질 것입니다."[27]

27 "중국 정치모델 논쟁 1 '중국의 소로스 에릭 리'". 『중앙일보』. 2013년 8월 17일자.

덩샤오핑의 숙제, 차이나 모델

1장에서 살펴보았듯, 신중국 건설 이후 적어도 20년간 중국공산당은 새로운 정치체제를 구축하기 위해 실험에 실험을 거듭했다. 그리고 한 명의 영도자가 주도한 실험은 문화대혁명이라는 환란으로 귀결되었다. 적어도 현실에서 검증되지 않은 이상적 노선을 실행하기 위해 한 사람의 숨결에 따라 춤추는 마오쩌둥 방식은 피해야 했다.

과거 맹자조차도 "진정한 성군은 500년에 한 번 나타난다."고 했고 "자신의 시대는 700년간 성군을 기다리고 있다."고 했다. 성군이 나타나지 않는 시대 폭군을 어떻게 견제할 것인가는 오랜 시기 중국 유가(儒家) 사상가들의 고민 중 하나였다. 이 문제에 천착한 사상가는 전국시대 제자백가 중 한 사람이었던 순자(荀子)다. 순자가 고안한 방법은 군주가 명목상의 전권을 가지고 있되, 정사(政事) 대부분을 신하에게 위임하는 방식이다.

"군주는 좋은 신하를 찾는 데 애를 쓰고, 맡긴 뒤에는 쉴 수 있다."
"군주에게 보좌하는 훌륭한 어진 사람이 없는 것은 마치 장님에게 인
도하는 사람이 없는 것과 같은 것이다. 그러므로 밝은 군주는 급하게
그 사람을 손에 넣으려고 하지만, 어두운 군주는 급하게 그 권세를 손
에 넣으려고 하는 것이다."

이처럼 순자는 어진 신하들에 의한 관료체제를 이상적인 정치모
델로 꼽았다. 이는 조선의 개국공신 정도전의 사상과도 궤를 같이한
다. 하지만 순자가 살던 시대는 조나라와 초나라와 같은 작은 국가
가 할거하던 시대였다. 그는 이후에 건설될 통일왕조가 요구하는 정
치 시스템을 가늠하지 못했다. 결정적으로 순자는 인사권만은 왕이
가져야 한다고 생각했다. 그랬기에 군자의 임무는 어진 신하를 찾는
일이었다.

하지만 이 시스템은 두 가지 결함이 있었다. 하나는 왕이 모든 사
람의 면면을 살펴 채용할 수 없다는 점이고, 또 하나는 왕이 인물을
알아보지 못하거나 인사를 통해 전횡할 수 있다는 점을 간과한 것이
다. 신하의 천거 또한 믿을 것이 못 되었다. 권문세족과 지방 호족의
카르텔만 더욱 공고히 될 뿐이었다.

이 문제의 해법은 결국 '과거'라는 국가고시제도로 정착되었다.
수나라 시절 처음 도입되었던 과거제도는 당나라를 거쳐 확대되었

· 진짜 중국 이야기 ·

고 명·청대(明清代)에 그 방법이 가장 고도화되었다. 과거제의 공신력을 향상시키기 위한 '삼공(三公)원칙'은 '공개고사(公開考試)', '공평경쟁(公平競爭)', '공정녹취(公正錄取)'였는데, 과거제 실행 과정에서 부정을 행하는 관료는 가차 없이 죽였다.

덩샤오핑은 집권 이후 강력한 중앙집중형 관료체제를 유지하면서도 경제발전을 차질 없이 진행할 수 있는 국가모델을 탐구했다. 1980년대 경제건설 노선을 두고 '발전'과 '공평(公平)'이라는 두 개의 가치를 동시에 구현해야 한다는 주장이 있었지만, 나눌 수 있는 생산물과 당기순익이 없는 조건에서 '공평 추구'는 공허한 주장이었다. 선부론(先富論)이 채택된 배경이다.

또한 국정을 운영할 당의 인재 선발제도를 기층 속에 단단히 뿌리박게 하였다. 기층 당조직은 초등학교 시절부터 인재를 찾아 매 단계마다 지식과 IQ는 물론 인민에 대한 헌신성과 소통 능력, 평소의 언행과 품성, 상황에 대한 대처 능력까지 체크해서 입당시킨다. 이과정에서 국가고시 제도와 당 관료 선발제도는 훨씬 정교해졌다.

정치체제와 관련해 덩샤오핑 지도부는 싱가포르의 발전모델을 유심히 관찰했다. 싱가포르는 1965년 이래 집권당(인민행동당, PAP)이 한 번도 바뀌지 않은 국가다. 싱가포르의 국부(國父)로 처급받는 리콴유(李光耀)는 집권 이후 자신을 밀어주었던 좌파 반대 세력을 깨끗이 청소했고, 언론과 파업, 결사 등의 자유를 제약했다. 그리고 민족과 종족 간의 대결의 뿌리를 잘라 버리기 위해 강제 이주정책을 펼쳤다.

　세계 어디에서나 강한 결집력을 보이는 중국계 주민의 친족 공동체를 약화시켰고, 공공주택단지로 여러 민족을 혼합 이주시켰으며 부족어 대신 영어를 공용어로 결정했다. 반발이 있었지만 리콴유는 국민을 설득(?)했다. 능력만 있으면 마음껏 공부하고 성공할 수 있는 사회를 만들겠다고 공언했고, 실제로 주택정책과 교육정책을 통해 이 약속을 지켰다. 상가포르는 금융과 제조업 강국이며 외국 자본 투자를 통한 항공, 물류 허브 국가이기도 하다.

　총리 후계자는 사전에 국민들에게 공지하고 후계자는 국정 경험을 쌓으며 능력을 쌓는다. 현직 총리는 혹여 후임 총리의 발목을 잡을 수 있는 파벌이나 그룹을 소탕한다. 싱가포르 정치체제에서 가장 독특한 점은 정치 지도자의 선발 과정이다. 학교 성적이 우수한 학생을 우선 서면 평가하고, 이후 진학의 기점마다 큰 국가시험을 치르게 한다. 이후 학생의 지적 능력과 정직성, 헌신성, 지도자 소양, 정서적 감수성 등에 대한 평가를 받는다.

　싱가포르 학생들 역시 국가 주도의 이 시험이 자신의 운명을 바꿀 것으로 믿고 열성이다. 가장 뛰어난 학생들은 정부 장학금으로 미국과 유럽의 명문 대학에 유학한다. 물론 학비와 생활비는 전액 국가에서 제공한다.

　학업이 끝난 장학생의 일부는 싱가포르 엘리트 행정집단에 넣는다. 고위공무원으로 발탁되면 적어도 3회까지의 임기는 보장받는다. 두 차례 임기는 거쳐야 실력을 발휘할 수 있다고 보기 때문이다. 경제 분야와 과학 등의 특화된 분야에 대한 행정 전문성을 가진 공무원은 고위직으로 빨리 승진할 수 있다. 싱가포르에 고도의 전문성과 훈련된 정치지도자가 많은 이유가 여기에 있다.

그럼에도 서방의 많은 국가 지도자들인 싱가포르의 참정권 제한과 정당 자유 억압, 언론 검열과 노동 3권의 불인정, 지나치게 가혹한 사형제도와 태형 집행 등의 문제를 지적한다.

한국의 기성세대 중 일부는 과거 김대중과 리콴유 총리가 논쟁했던 '아시아적 가치' 논쟁을 기억할 것이다. 1994년, 리콴유는 미국 외교 전문지 『포린어페어스(Foreign Affairs)』에 '아시아적 가치와 민주주의'라는 이름으로 인터뷰를 했고, 이는 '문화는 운명이다(Culture is Destiny)'라는 제목으로 실렸다. 서양의 자유주의 철학의 잣대로 유교 문화권인 동아시아를 재단해선 안 되며, 서방의 체제를 강요하지 말라는 내용이었다.

이에 당시 한국 야당 총재였던 김대중이 반박했다. 당시 김대중 총재는 박정희의 '한국적 민주주의(민족적 민주주의)'와 리콴유의 주장이 궤를 함께한다고 보았다. 아시아는 유교적 전통이 강하고, 가부장적인 강력한 지도체제만이 공신화를 막고 나라를 번영시킬 수 있다는 주장은 사실 독재를 정당화하기 위한 유사 민주주의 이론이라고 반박했다. 민주 없는 자본주의는 번영할 수 없고, 절대 권력은 절대로 부패한다는 그의 소신을 담았다.

리콴유의 목적은 따로 있었다. 소위 자신의 통치방식의 합리화를 위해 '아시아적 가치'를 이야기하며 수신제가치국평천하(修身齊家治國平天下)를 끄집어냈다. 실제로 리콴유는 손녀의 이름을 '수제(修齊)'라고 지었다고 한다. 개인의 몸—가정—국가—세계로 이어지는 가치관을 근본으로 하는 유교사상, 서양과는 다른 역사와 다른 사회적 가치관으로 무장한 다른 존재이기에 서구식 민주주의는 싱가포르에(더 나아가 유교문명권에) 적합하지 않다는 주장이었다.

적어도 동양은 전통적인 유교사상에 기초한 근검, 절약, 충, 효의 정신이 가정으로부터 배태되어 사람에게 체화되어 있기에 그저 이기적 개인주의로 찌든 서구와는 다르다는 것이다. 근본이 다르면 결과도 다르듯 민주주의의 대표적인 선거제도도 달리 생각했다. 리콴유는 1인 1표를 부정하고, 40~60세 사이 유권자는 1인 2표를 행사하고, 60세 이상 40세 이하는 1인 1표만 행사하는 것이 이상적이라 주장했다.[28]

사실 '아시아적 가치' 논쟁은 '아시아의 네 마리 용'의 약진의 원인에 대해 미국 정치 외교 전문가들의 시선으로 약간의 비하를 담아 진행했던 것이다. 아시아인들은 민주주의나 개인의 권리보다 질서

28 "김대중 VS 리콴유의 '아시아적 가치' 논쟁". 직썰. 2015. 04월 7일자.

와 안정을 중요시 여기고, 저임금 장시간 노동을 감내하고 인위적 노사 화합도 받아들일 수 있을 정도로 순응적이며 높은 교육열과 근면함이 경제발전의 원동력이라는 주장이었다.

애초 이 담론의 시작은 『문명의 충돌』의 저자 새뮤얼 헌팅턴의 글을 토대로 시작된 것이다. 새뮤얼 헌팅턴은 미국을 중심으로 자유주의 문명을 중심축에 놓고 나머지 문명과의 갈등을 구조적으로 이해한 인물이다. 여기에 리콴유와 김대중이 참가하면서 '아시아적 가치와 민주주의 적합성 논쟁'은 글로벌 논쟁으로 확장되었다.

하지만 싱가포르 국민들은 민주주의냐 독재정권이냐 하는 이분법적인 구분을 거부하고 있다. 리콴유와 인민행동당은 누가 뭐라고 해도 제3세계 변방의 시골 섬 싱가포르를 제1세계의 중심으로 일으켜 세웠다. 적어도 싱가포르의 지도자들은 군중의 집단지성이니, '민중의 역량' 따위에는 관심을 가지지 않았던 것으로 보인다.

그들은 세계적으로 경쟁력 있는 엘리트 집단만이 싱가포르를 이끌어야 한다고 믿었다. 싱가포르만큼 현능주의 정치이념을 잘 소화한 나라는 드물다. 선발된 지도자들, 특히 금융 방면의 전문가들은 웬만한 미국 월가의 헤지펀드 매니저를 압도하는 실력을 지니고 있다. 국내 금융을 엄격히 통제하면서 자산시장의 안정성을 지켜 온 것이다.

다음은 영국의 시사주간지 『이코노미스트』 2011년 기사의 한 대목이다. 싱가포르는 금융 환경의 급변 사태 때 오히려 돈을 버는 시스템을 구축했다는 내용이다.

> 미국의 방대한 도드-프랭크 금융통제 법안을 모두 읽어 본 사람들은
> 두 그룹뿐이다. 하나는 미국 학자들인데 그들에게는 이 법안이 쓰레기
> 더미일 뿐이고, 또 하나는 싱가포르 통화당국 관계자들인데, 그들은 이
> 법안에서 취할 이득이 없을지 살펴보고 있다.[29]

싱가포르가 이룬 모든 업적은 중국 지도자들에겐 도전해 볼 만한 시스템으로 보였다. 무엇보다 덩샤오핑 자신이 프랑스에서 유학한 '근공검학(勤工儉學)운동' 1세대 엘리트였다. 덩샤오핑과 저우언라이는 프랑스 유학 과정에서 만난 친우(저우언라이가 선배)다.

마오쩌둥이 봉건제하의 농촌 실정만을 보고 자랐다면, 이 두 사람은 자본주의 산업 시스템과 근대화된 유럽의 기계식 경운농법을 체험했고 실제 공장에서도 일했다. 마오쩌둥은 자본주의를 몰랐기에 자본주의를 악귀로 인식했고, 류사오치와 저우언라이, 덩샤오핑은 자본주의를 잘 알았기에 이에 목적을 위한 수단으로 활용할 수 있다고까지 보았다.

근공검학운동은 1910년대부터 1940년대까지 학생과 노동자가 프랑스에 건너가 공장에서 일하면서 배우는 것을 장려한 운동이다.

---

[29] "Going Swimmingly", 『The Economist』, 2011년 04월 23일자.

서구의 신지식과 문물을 현지에서 배우고 경험하여 돌아와 봉건적 구습과 제국주의 침략의 위협으로부터 위기에 빠진 중국을 구하고자 함이었다. 낮에는 공장에서 열심히 노동하여 돈을 벌면서 학비와 생활비에 충당하는 고학 운동이었다. 덩샤오핑이 개혁개방 추진 과정에서 새로운 서방의 경제·금융 시스템에 대해 두려움 없이 접근할 수 있었던 요인 중 하나일 것이다.

권력승계와 일당체제

한반도의 평화적 통일은 언제 가능할까. 하나의 체제로의 전면적인 통합은 아닐지라도, 김대중 대통령과 김정일 위원장이 약속했던 "연합제와 연방제의 공통점"을 담은 통일은 가능할까. 1972년 박정희 대통령 이래 한국의 대통령을 압박했던 역사 문제는 바로 한반도 비핵화와 평화 체제 구축, 또는 통일 문제였다.

한국의 역대 대통령은 예외 없이 임기 만료 2년 전에 담대한 대북 데탕트 정책을 발표하곤 했다. 북한의 냉대로 만남조차 갖지 못한 정권도 있었다. 북한에 대한 경제 지원으로 한반도 평화와 북한의 개방을 유도하겠다는 제의를 했던 이명박, 박근혜 정부가 그랬다.

대통령 직선제(1987) 실시 이후 선출된 대통령들은 임기 초반엔 경제발전과 민주주의 신장을 약속했고, 임기 후반부엔 '한반도 문제'와 같은 역사적 위업을 이루길 바랐다. 바로 남북문제다. 남북 정상 간의 합의도 많았다. 자주 · 평화 · 민족대단결이라는 통일의 3대 원칙을 합의했던 박정희 정권의 7 · 4 남북공동성명(1972)에서부터 문재인 정권의 4 · 27 남북군사합의(2018)까지 남과 북은 대결 속에서도 '평화체제 구축'이라는 공통의 이해관계에 맞물려 협상을 해 왔다.

박정희 정권 − 1972년 7 · 4 남북공동성명

노태우 정권 − 1991년 남북기본합의서 합의, 1992년 발효

김영삼 정권 − 1994년 북미 기본합의서 채택(제네바 합의)

　　　　　　　　1994년 7월 남북정상회담 무산

　　　　　　　　(김일성 주석 사망)

김대중 정권 − 2000년 6 · 15 남북공동선언

노무현 정권 − 2007년 6자회담 10 · 3합의

　　　　　　　　10 · 4 남북공동선언

문재인 정권 − 2018년 4 · 27 판문점 선언

　　　　　　　　2018년 9 · 19 평양선언(9 · 19 남북군사합의)

　　　　　　　　2019년 2 · 27 하노이 북미 정상회담

　　　　　　　　6 · 12 싱가포르 북미 정상회담

　　　　　　　　6 · 30 판문점 남북미 정상회담

　합의문만 보면 10년의 평화 국면을 지나 정정협징과 평화협정으로 이어질 것처럼 보이지만, 모두가 알다시피 평화 분위기는 그리 오래가지 못했다. 남북 관계는 늘 역류한다. 남북 간의 합의가 실제

성과로 이어지지 못하는 데에는 본질적으로 핵으로 체제를 담보받고 핵보유국의 지위로 북미 수교를 하겠다는 북한의 입장과, 핵과 미사일을 포기하면 북미 수교(평화협정)로 제재를 풀고 체제를 보장하겠다는 미국의 입장이 좁혀지지 않기 때문이다.

　서로 등 뒤에 칼을 움켜쥐고 있다는 것을 아는 조건에서 '먼저 내려놓기'란 쉽지 않은 결단이다. 특히 북한은 미국과 서방 연합군의 침공으로 이라크와 리비아 정권이 붕괴되는 것과 구소련의 핵을 모두 미국에게 양도했던 우크라이나가 침공당하는 것을 보았다.

　이런 본질적인 문제 외에도 남·북·미의 협상이 지지부진한 데에는 구조적인 문제가 있다. 바로 미국과 한국에서의 정권 교체다. 그나마 미국은 연임으로 인해 10년 집권이 가능하지만, 한국은 기껏해야 5년이다. 대북 협상 기조가 차기 정권으로 승계된다는 보장도 없다.

　1994년 6자회담을 통해 경수로 지원과 핵 프로그램 중단에 합의했던 김일성 주석은 나진과 선봉을 '제2의 싱가포르로 만들라.'고 지시했고, 김영삼 대통령의 임기 말 방북이 성사되었다면 적어도 북한의 해안지대는 모두 경제특구로 개방되어 한국과 외국의 자본이 자유롭게 오갔을 것이다. 중미 수교와 같이 북미 수교도 순리적으로 풀릴 수 있었다.

　미국 클린턴 행정부는 기껏 북한과 협상을 마무리 지어 놓고 임기 말에 팔레스타인 분쟁과 이란 문제에 발목을 잡혀 방북을 통한 북미 수교 기회를 날렸다. 2000년 북한 조명록 특사가 방미했고, 미 올브라이트 국무장관 방북이 실현되었다. 만약 클린턴 대통령이 방북했다면 한반도의 경제와 안보지형은 지금과는 사뭇 달랐을 것이다. 만약 트럼프 대통령이 재임했다면 분명 지금과는 달랐을 것이다.

현상을 보면 대통령의 임기 문제로 보이지만, 본질적으로는 다당제 정치구조의 맹점이기도 하다. 외교는 내치와 그 성격이 다르다. 경제와 복지 문제를 잘 풀지 못하는 정권의 정책을 전환하는 것은 좋은 일이지만, 외교 노선을 5년에 한 번씩 재검토하고 전환하는 것은 국익에 치명적인 해가 된다. 이런 사실을 기억해야 한다.

김일성 주석은 재임 중에 5명의 한국 통치자를 상대했고, 김정일 위원장은 4명의 대통령을 상대했다. 김정은 위원장 역시 마찬가지일 것이다. 국가가 외교노선에 일관성을 가질 때 당장은 그 효과가 눈에 보이지 않지만, 반세기 정도가 지나면 그 역량은 UN의 정책을 좌우하는 수준으로까지 확장된다. 중국이 바로 그렇다.

남아시아와 아프리카에 대한 중국 당국의 원조 및 개발협력의 역사는 30년이 넘었다. 4차 산업혁명 시대 희귀 광물과 소재를 두고 미·중의 경쟁이 격화되고 있다. 바이든 대통령은 취임하자마자 국방 안보 물자 중 공급 취약 물품을 보고하라고 각료들에게 지시한 바 있다. 당시 백악관은 비명을 질렀다. 반도체 소재와 첨단우주소재의 공급망에 있어서는 중국이 한발 앞서 있었던 것이다.

이에 미국 상무부는 부랴부랴 향후 10년간 메모리 반도체는 14나노미터, 시스템 반도체는 28나노미터 이하의 물량을 생산할 수 있는 소재와 장비의 중국 반입 및 투자를 금지시켰다. 당장의 기술 격차는 중국에게 타격이 되겠지만, 결국 중국에 없는 것은 '기술(자)' 하나뿐이다. 국가로부터 자본과 재료를 수월하게 공급받는 조건에서 기술자를 영입하거나, 기술 격차를 줄이는 일은 시간이 걸려도 결국 중국의 반도체 역량을 향상시킬 것이다.

물론 이런 토대는 지난 30년간의 일관성 있는 외교 역량의 투입과 투자 때문이다. 국가 발전 전략은 장기적으로 수립해야 하며 그 실행은 치밀해야 한다. 이런 일은 다당제 국가의 정부가 할 수 없는 영역의 일이다.

다만 미국은 한국에 비해 상황이 좋은 편이다. 정권이 바뀌어도 장기적인 국가 전략은 크게 변하지 않는다. 백악관 주변의 고급 관료들이 급변 상황을 원하지 않기 때문이다. 하지만 한국은 다르다. 대통령이 바뀌면 통상, 외교 라인이 모두 물갈이되고 정책 또한 급변한다.

호랑이도 파리도 모두 잡겠다

앞서 언급했듯 한국의 지식인은 정권 교체를 민주주의의 성숙도로 이해하는 경향이 있다. 이는 아마도 이승만, 박정희와 같은 권위주의 정권 시절의 패도와 부패를 체험한 데에서 나온 듯하다. "절대 권력은 절대 부패한다."는 말이 바로 그렇다. 이 격언이 분명 틀린 것은 아니다. 중국공산당 간부들은 내치를 함에 있어 가장 두려운 것 두 가지를 꼽으라면 대부분은 빈부 격차와 관료주의·부패 문제를 든다.

소련의 붕괴는 오일 쇼크로 형성된 고유가 시기가 끝나자 경제가 버티지 못했고, 독일 통일로 인한 개혁개방의 충격 때문이라는 분석이 많다. 그런데 중국공산딩은 '관료주의'를 디욱 중요한 요인으로 보았다. 덩샤오핑이 보기에 소련공산당은 격랑에 흔들리는 작은 돛단배와 같았다. 당은 인민 속에 뿌리 내리지 못했고, 당 관료들은 무

131

능하고 부패했다.

1917년 10월 혁명 이후 1991년 소비에트 해체에 이르기까지의 과정을 보면, 소련의 당 조직이 유능했던 시절은 1960년대까지였다. 소련공산당은 변해야 하는 시점에 혁신을 놓쳤고, 관료체제와 경제는 더욱 고집스러운 불통 체제로 굳어 갔다. 따라서 중국공산당에게도 관료주의와 부패 문제는 매우 엄중한 과제다.

관료주의와 부패가 심각해지기 시작한 것은 덩샤오핑의 개혁개방 노선으로 인·허가권을 가진 관료들에게 막대한 부가 쏠리면서부터다. 1989년의 톈안먼 사태 또한 민주화 요구보다 부패한 당 관료에 대한 인민의 저항이 더 컸다는 분석도 많다. 과거엔 하층 간부의 부패가 많았다.

하지만 2012년 터진 보시라이(薄熙來, 충칭시 당서기)와 저우융캉(周永康, 상무위원·공안부장) 사건은 큰 충격을 주었다. 당 중앙의 최고위직 관료의 전횡과 부패였기 때문이다. 특히 보시라이의 경우 후진타오에 이어 '당 서기 후보'로까지 거론되는 실제 중의 실세였다. 보시라이의 부패의 규모도 엄청났지만, 자신의 파벌을 구축하고 기층의 토대까지 형성해 당의 감찰이 시작되자 당권에 도전하려 했던 사실은 충격적이었다.

국영기업과 성급 간부들의 부패는 비일비재하다. 중국의 최대 자산관리 회사인 화룽그룹의 고위 간부였던 라이샤오민은 2018년까지 10년간 17억 8,800만 위안(한화 약 3천억 원)을 뇌물로 받았고, 100여 명의 여성과 중혼(重婚)해서 한 아파트 단지에 이들을 모두 입주시켜 일종의 '축첩(畜妾)단지'를 조성해서 사람들을 놀라게 했다.

산시성 시골 마을의 서기로 시작해 발군의 역량을 검증받았던 차세대 여성 지도자로 주목받던 리야리 부부장은 도시개발 과정에서 한화 50억 원을 수수한 것이 적발되었는데, 이 정도 액수는 관료들의 뇌물 수수 금액 중 적은 편에 속했다.

2012년 시진핑 주석은 취임 일성으로 "호랑이와 파리를 한꺼번에 잡겠다."고 선언했다. 그리고 실제로 파리(기층 부패 관료)와 호랑이(상층 고위 관료)를 처단하기 시작했다. 기소에서 선고, 사형 집행까지 6개월이 걸리지 않는 경우가 많았다.

중앙기율검사위원회는 당 중역과 고위직에 대한 감찰을 전담하는데, 시진핑 주석은 중앙기율검사위 서기로 왕치산(王岐山, 정치국 상무위원)을 앉혔다. 그는 현재 '중국의 미스터 클린(Mr. Clean)'으로 불린다.

여기에서 중요한 점은 그가 정치국 상무위원이라는 점이다. 최고 지도부인 정치국 상무위원회는 시진핑 주석과 리커창 총리를 포함 모두 7명인데, 왕치산은 서열 6위다. 후진타오 체제에서 중앙기율검사위 서기는 서열 8위로 상무위원회는 건들지 못했다. 시진핑 주석이 부패에 대해 얼마나 단호한지를 보여 주는 조치다.

중앙기율위원회 감찰부는 인터넷 홈페이지에 공직자 부패 제보

코너를 만들어 일반 국민들이 부패 공무원을 고발할 수 있는 제도적 장치를 만들었다. 2021년 한 해 적발된 부패 사례 중 일반 국민의 제보를 통해 단서를 파악한 경우가 전체의 41.8%에 달한다.

왕치산 위원회 출범 이후 약 10개월 동안 약 100명의 국장급 이상 간부가 처벌됐고 이 중 장·차관급 인사도 9명에 달한다. 여기에는 장제민(蔣潔敏) 전 국유자산감독관리위원회 주임, 리춘청(李春城) 전 쓰촨성 부서기, 류톄난(劉鐵男) 전 국가발전개혁위 부주임 등이 포함됐다. 국유기업, 고위 관료 등에 대한 전방위적인 부패 척결 규모가 1976년 문화 대혁명 이후 최대 규모다.

자금의 해외 도피처에 대한 감찰도 강화되었다. 중국은 최근 5년 간 '여우사냥' 작전을 통해 7천여 명의 해외 도피 사범을 송환했고, '하늘의 그물' 작전을 통해 51억 2천만 달러(한화 약 6조 7천억 원)를 회수했다. 중국이 해외 파견 공직자의 비위를 적발하기 위해 현지에서 허름한 상점으로 위장한 '비밀경찰서'를 운영하고 있다는 건 중국의 해외 파견 공직자들 사이에선 공공연한 비밀이다.

2년 가까이 전개되던 정풍운동으로 관료 16만 2,629명을 퇴출시켰고, 관료들의 대표적 특혜로 꼽히던 3공 경비인 접대비, 관용차 운영비, 출장비 등에서 530억 2,000만 위안(약 9조 2,336억 원)의 비용을 절감했다. 뇌물인 홍바오(紅包)를 받았다고 자진 신고한 공직자만 10만여 명에 이를 정도다.

행정문서의 인허가 과정에서의 전횡을 없애기 위해 한국과 같은 디지털 결제 시스템으로 혁신했고, 그 중간 과정에서의 행정문서를 모두 없앴다. 왕치산 서기는 지금도 여전히 "고위층 부패에 대해 천리안을 가지고 끊임없이 감찰해서 부패와 투쟁하겠다."고 밝히고 있다.

왕치산은 과거에도 금융 부실에 대한 단호한 조치로 주목받은 바 있다. 1997년 아시아 금융위기가 닥쳤을 때 광둥성 부성장이었던 그는 광둥성 대형 금융기관들이 연쇄도산 위기에 빠지자 해외 채권자의 반발에도 불구, 10억 달러 이상의 부실채권을 떠안고 있던 광둥국제신탁투자공사를 파산시키는 결정력을 보여 줬다.

중국공산당은 왜 이렇게 부패 문제에 대해 전력하는 것일까. 이 역시 일당체제의 숙명과도 같다. 다당제 국가에서 정부 관료의 부패는 사법기관과 야당에 의해 견제당한다. 무엇보다 부패한 권력은 바꾸면 그만이다. 하지만 중국은 1당 체제다. 중국공산당이 부패하는 순간, 권력 승계의 명분과 정당성을 모두 잃는다. 교체할 정당도 없다. 이를 방치하면 공산당의 붕괴는 새벽의 도둑같이 은밀하게 찾아올 수도 있다는 것이 중국 지도부의 걱정이다.

이렇듯 1당 체제는 부패의 가능성을 언제나 안고 있다. 하지만 모든 권력이 당 중앙으로 집중된 시스템으로 인해 당 중앙이 결심하면 그 누구의 방해도 받지 않고 거침없이 부패의 씨앗을 도려낼 수 있다는 강점도 있다. 중국공산당의 부패와의 전쟁은 중국의 경제 규모가 커지고, 중국 내륙의 개발이 진행되면서 더욱 강화될 것으로 보인다.

엘리트 결사체, 중국공산당

대약진운동이 시작되었던 1958년부터 덩샤오핑이 개혁개방 노선을 전면화한 1978년까지가 20년이다. 중국국가통계국 역시 1978년부터 중국의 GDP를 통계 내기 시작했다. 1978년 중국의 1인당 국민소득은 156달러에 불과했고 국내총생산(GDP)는 1,495억 달러(3,679억 위안)였다. 같은 시기 미국의 GDP가 1만 달러였고, 2년 뒤 일본이 GDP 1만 달러에 도달했다.

1978년 이후 2017년까지 중국의 연평균 성장률은 9.5%이고 이는 평균 8년마다 2배씩 성장한 것이다. 같은 기간 세계경제 연평균 성장률인 2.9%에 비해 월등히 높다. 중국국가통계국의 발표에 의하면, 지난 1978년부터 2017년까지 중국 GDP(국내총생산)는 불변가격 기준 33.5배 증가했고 연평균 성장률은 9.5%에 달했다.

이는 평균 매 8년마다 2배 성장한 것으로, 같은 기간 세계경제 연평균 성장률인 2.9%에 비해 훨씬 높았다. 서문에서 밝혔듯 중국의 성장은 단순히 인구나 지정학적 우월성으로 얻은 것이 아니다. 핵심은 공산당의 리더십에 있다.

물론 현재 중국이 안고 있는 문제도 많다. 전반적인 교육의 질 저하에 따른 노동 숙련도의 하락, 양극화에 따른 중진국의 덫, 부유한 해안 도시와 내륙 농촌과의 발전 격차, GDP가 '공평'을 해쳤다며 경제노선의 일대 수정을 요구하는 당내 정치적 갈등 등 풀어야 할 숙제가 산더미다.

중국은 2만 2,000㎞의 육로를 통해 14개국과 접경하고 있고, 1만 8,000㎞의 해안 국경으로 6개국과 접경하고 있다. 건국 당시 중국의 내전이 완전히 종결되지 않은 상태였고, 청나라 시대 때의 불평등한 조약으로 체결된 국경선의 재정립 문제가 남아 있었다.

전쟁까지 치렀던 나라는 인도(1962), 소련(1969), 베트남(1979)이었다. 전쟁을 했던 이유는 영토 문제라기보다 중국에 적대적인 정책을 천명한 나라에 대한 국가 안보 문제였다. 미얀마, 네팔, 북한, 몽골, 파키스탄, 아프가니스탄, 라오스, 러시아 동부국경, 카자흐스탄, 키르기스스탄, 타지키스탄, 베트남과의 영토 문제는 대부분 협상으로 일단락 지었지만, 인도와 부탄, 남중국해와 댜오위다오 등은 여전히 분쟁 중이다.

중국을 위협하고 있는 실체는 내륙의 국경이 아니라 미국의 인도 태평양 전략에 따른 해상이다. 말라카 해협과 양안(兩岸)에서의 미국과의 충돌은 중국의 가장 큰 교역 루트가 봉쇄되는 것을 뜻한다. 중국에게 양안 문제란 단순히 내전의 종결 문제가 아니다. 해양대국 중국이 태평양이라는 거점을 탈취당하는 것을 뜻한다.

그래서 중국은 국가 전략을 기획하고 실행하는 데 유능한 인재의 발굴과 육성에 총력을 기울이고 있다. 엘리트 육성의 산실은 단연 중국공산당이다. 현재 중국공산당 당원은 9,200만 명인데, 세계 최대의 엘리트 결사체다. 당원 가입 요건 또한 매우 엄격하다.

단순히 당원 규모만을 따져 보았을 때에는 1억 8,000만 명의 당원을 확보한 인도인민당(BJP)이 세계 최대 정당일지 모르지만, 기층에서의 활동력과 영향력, 일상에서의 조직 운영 면모 등을 따지면 중국공산당에 필적하지 않는다. 인도인민당도 한국의 대형 정당과 마찬가지로 선거 시즌에 자당 후보의 공천 투표에 참여하는 수준이다.

중국공산당의 당원 숫자와 인구 대비 비중은 창당 이후 지속적으로 증가해 왔다. 1949년 신중국 건국 당시 449만 명이었던 당원은 30년 후인 1982년에는 4,024만 명으로 9배가 증가했고, 다시 30년 후인 2010년에는 8,027만 명으로 다시 2배가 증가했다. 2021년 12월 기준 9,671만 2,000명이 중국공산당으로 활동하고 있다.

전체 인구 대비 비중 역시 건국 초기 0.8%였지만, 2021년에는 6.1%로 증가했다. 그런데 이것은 전체 인구 대비다. 공산당 입당이 허용되는 만 18세 이상의 인구로 계산하면 10% 정도가 된다. 1980

년대 소련공산당의 당원 비중은 6%, 2020년 기준 베트남공산당의 당원 비중은 5.4%인 데 비해 중국공산당은 이를 뛰어넘었다.

당원의 연령 분포 역시 노·장·청이 잘 배합되어 있다. 건국부터 1980년대까지 25세의 당원 비중은 5.7% 수준에 불과했다. 그만큼 당원 선발에 엄격했다. 당시 45세 이하 비중은 64.7%로 당시 공산당은 젊은 정당이었다. 2021년을 기점으로 45세 이하 공산당원의 비중은 44%, 과반은 45세 이상의 당원이다. 20세, 30세, 40세, 50세, 60세 이상과 같은 등위로 분별하면 비중의 분할이 인위적으로 배합한 것처럼 조화를 이루고 있다.

중국공산당 당원이 되는 것은 매우 어렵다. 그리고 단계를 밟아 중앙당 고위 관료가 되는 것은 하늘에 별 따기다. 중국에서 최고 정치지도자가 되는 과정은 치열한 경쟁의 연속이다. 700만 명의 영도 간부 중 성부급에 이르는 사람은 14만분의 1에 불과하고, 이들 중 극소수만이 정치국원 25인에 들게 된다.

이 과정에서 당의 거의 모든 관료는 풍부한 현장 경험을 지닌 전문가가 된다. 농촌과 군대에서의 현장 경험은 당 간부가 되기 위한 필수 과정이고 금융과 산업, 이공 계통 등의 특정 전문성도 반드시 필요하다. 당원은 제일 말단이라 할 수 있는 향(鄕)에서 시작해 현(顯), 시할구(市轄區)를 거쳐 성(省), 지치구, 직할시 등에서 일하며 숙련되어야 한다. 이 관료의 훈련 시스템이 바로 중국 발전의 동력이다.

중국 상위 6%, 공산당원

중국공산당 〈당장〉 제1장에는 당원의 조건이 명시되어 있다.

제1조

나이 만 18세의 중국 노동자·농민·군인·지식인과 기타 사회계층의 선진분자로서, 당의 강령과 장정(章程)을 승인하고, 당의 조직에 참여하여 적극적으로 공작을 전개하고, 당의 결의를 집행하며, 기한에 맞추어 당비를 납부하기를 원하는 자는 중국공산당에 가입을 신청할 수 있다.

제2조

중국공산당 당원은 중국 노동자계급의 공산주의 각오를 품고 있는 산봉전사다. 중국공산당 당원은 반드시 온 마음을 다해(全心全意) 인민을 위해 복무해야 하고, 개인의 일체 희생을 아끼지 말아야 하며, 공산주의의 실현을 위해 죽을 때까지 분투해야 한다. 중국공산당 당원은 영원히 노동 인민의 평범한 일원이다. 법률과 정책이 규정한 범위 내의 개인 이익과 업무 직권 이외에, 모든 공산당원은 어떠한 개인 이익과 특권도 추구할 수 없다.

입당 절차는 까다롭다. 입당 적극분자의 확정과 육성 교육을 거쳐 발전대상의 확정과 고찰, 셋째는 예비당원의 접수와 입당, 넷째는 예비당원의 교육 및 고찰과 정식당원으로의 전환이다. 통상 최소 2년 6개월에서 3년간 당의 검증을 받아야 입당할 수 있다.

이 중 예비당원 과정은 1년인데, 필요에 따라 1년을 연장할 수 있다. 따라서 입당에 4년도 능히 걸린다. 입당신청서를 제출하면 우선 신청자와의 면담을 통해 '입당 신청의 수용 여부'를 결정하게 되는데, 주로 다른 정식 당원의 추천이나, '공산주의청년단(공청)' 지부의 추천으로 결정된다.

수용을 하면 '입당 적극분자'로 분류되어 교육과 훈련을 받는다. 정식당원 한두 명이 교육을 담당한다. 이를 육성연계인(培育联系人)이라 하는데, 육성연계인은 대상자의 성장 상황과 특이사항을 당 지부에 보고한다. 입당 적극분자를 '발전대상'으로 결정할 때에도 이들의 의견이 중요하게 반영된다. 당 지부는 6개월에 한 번씩 대상자의 교육 훈련 상태, 인민에 대한 봉사 활동과 임무 수행 상태 등을 파악해 '고찰(考察)'을 통해 분석하고 분류한다.

발전대상으로 선별되면 당 조직이 실행하는 각종 집중 교육을 받아야 예비당원이 될 수 있다. 단 '특별입당'할 수 있는 방법이 있는데, 자연재해나 비상 상황에서 모범적인 활동으로 추천된 발전대상이나 예비당원은 바로 당원이 될 수 있다. 코로나19가 발생했을 때 방역 활동에서 큰 공을 세운 이들을 예비당원 또는 정식당원으로 전환해 주었다.

정식당원으로서 입당을 앞둔 자는 조밀한 '정치심사'를 받아야 한다. 정치심사는 가장 엄격하고 중대한 입당 절차다. 공산당 이론과 노선, 정책에 대한 이해와 태도, 텐안먼 사태와 같은 중대한 정치투쟁에 대한 입장, 당 기율과 사회도덕의 준수 여부, 세금포탈이나 혼외정사, 경범죄 연루 전력이 있어도 당원이 될 수 없다.

끝으로, 직계친족과 본인의 정치 문제가 없어야 한다. 여기서 통과한 사람은 '입당지원서'를 제출한다. 당 지부는 당원대회를 소집해 대상자의 신원과 입당 동기 등을 설명하고, 정치심사 결과가 보고되면 무기명 투표한다. 과반수 찬성 이상으로 통과되면, 이후 상급 당 기층위원회에 비준을 요청하여 3개월간의 재심사 끝에 결정된다.

중국의 대학생과 젊은 인민해방군 군인은 당원이 되기를 '열렬히' 희망한다. 대학 생활과 군에서의 일상이 모두 당원이 되기 위한 기준으로 초점이 맞춰져 있다. 성적과 과업에 대한 실적은 기본이다. 그 이외의 대인관계와 단체 활동, 인민과 조직에 대한 봉사가 결정적이다. 국가적으로 중대한 시점에서의 공산당이 절박하게 원하는 활동을 제때 찾아서 진행하는 것도 중요하다.

입당을 원하는 젊은이들은 자원해서 인민해방군에 입대하길 원한다. 당원이 될 수 있는 가장 빠른 길 중 하나이기 때문이다. 군에 대한 시선도 매우 열광적이다. 군인에 대한 멸시나 하대는 상상도 할 수 없다. 중국은 징병제를 실시하지 않는 데에도 400만 명의 상비군을 유지하는 데 전혀 문제가 없다. 당 고위 지도자가 되려면 군에서 업적을 쌓거나 경제 분야에서 특출한 능력을 선보여야 한다. 인민해방군은 중국군(中國軍)이 아닌 공산당의 지휘를 받는 당군(黨軍)이다. 중국공산당 단결의 초석이며 사회주의 수호를 위한 물리력이다.

마오쩌둥, 덩샤오핑은 내전과 항일전쟁에서 무수한 전투 경험으로 최고지도자가 되었을 때 군을 완전히 장악하고 있었다. 하지만 장쩌민과 이후의 지도자들은 군 경력이 없어서 '중앙군사위원회 주석' 직에 올랐을 때에만 중국공산당의 최고지도자로서 인정받았다. 이런 이유로 인해 고위 관료를 꿈꾸는 청년들의 군 복무 경력은 매우 중요하다.

그렇다면 젊은이들은 왜 당원이 되길 원할까? 당원에게는 몇 가지 특혜가 주어지기 때문이다. 기본적으로 당원의 승진이 비당원에 비해 빠르고 요직에 채용될 확률이 높다. 학업 성취가 우수하면 더 좋은 교육 기회를 부여받는다. 특히 국가공무원, 국유기업, 군 장

교, 공공기관 간부 심사에선 결정적인 가산 요소가 된다. 공산당원
은 뚜렷한 정치 자산이다.

그런데 이런 효과는 연관성만 있을 뿐, 인과율은 아니라는 주장
도 있다. 애초에 공산당원으로 선발되려면 정치 신분이 좋고, 각계
각층에서 상위 6~7% 정도의 뛰어난 실력을 가진 자이기에, 굳이 공
산당원이 되지 않았더라도 능력을 중시하는 중국 사회에서 더 많은
기회가 부여되었을 것이라는 주장이다. 이 역시 일리 있는 말이다.

|

오바마도 중국에 오면 작은 현(縣)의 책임자 정도일 것

중국에서 최고 정치지도자가 되는 과정은 치열한 경쟁의 연속이
다. 700만 명의 영도간부 중 성부급에 이르는 사람은 14만분의 1에
불과하고, 이들 중 극소수만이 정치국원 25인에 들게 된다. 이 과
정에서 모든 정치관료는 풍부한 현장 경험을 지닌 전문가가 된다.
중국의 정치모델을 지지하는 에릭 리 중국 청웨이 캐피털 대표는
2013년 중앙일보와의 대담에서 이렇게 말했다.

"시진핑은 태자당 출신입니다. 태자당 출신이 최고 권력자가 된 것은
처음입니다. 좋은 집안 출신인 그조차도 커리어를 쌓는 데 30년 정도
가 걸렸습니다. 가난한 마을 간부로 시작해 상하이시 당위원회 서기
를 거쳐 중앙위원회 정치국원이 됐습니다. 최고 권력자 자리에 오를 때

144

그는 이미 1,500만 명의 상하이 시민을 섬긴 경험이 있고, 웬만한 국가 경제보다 규모가 큰 지역내총생산(GRDP)을 가진 경제를 관리해 봤습니다. 그 자리에 오기까지 끊임없이 자신의 실력을 증명해야 했습니다. 시진핑의 정치 역정이야말로 중국 정치의 메리토크라시를 단적으로 보여 줍니다. 미안하지만 대통령이 되기 전 오바마의 경력을 갖고는 중국에서 지방 도시도 못 이끕니다. 부시의 경력 갖고 텍사스 주지사가 되고 대통령이 되는 것도 중국에서는 상상도 할 수 없습니다.”[30]

한국과 미국에선 대통령 후보가 되기 위해서 정당 내부의 경선(공천)에서 승리하면 된다. 통상 한국에선 국회의원 경력이나 시장을 거친 후 2연임 도지사 경력 정도면 행정 능력이 검증되었다고 보는 것 같다. 미국은 시장을 거쳐 주지사를 하거나, 연방 상·하원 경력이면 민주당이나 공화당의 대통령 후보 자질로 인정받는다.

하지만 중국의 경우 향촌에서부터 시작해 시와 성의 서기까지 통상 30년, 서기의 유고 등의 사유로 초고속 승진했을 때에도 20년 이상의 세월 동안 행정 관료로서의 경험을 쌓아야 한다. 요구되는 능력도 다르다. 한국과 미국의 정치인에겐 의제 설정 능력과 토론(연설) 능력을 활용한 미디어 정치가 가장 중요하지만, 중국의 지도자는 지방의 시나 성에서 괄목할 만한 업적을 입증해야 한다.

---

30 「중국 정치모델 논쟁 1 '중국의 소로스' 에릭 리」, 「중앙일보」, 2013년 8월 17일자.

치열한 능력주의 시스템

1977년 화궈펑 중앙군사위 주석이 '문화대혁명의 공식 종료'를 선언했다. 종료 선언의 표현이 재미있다. "문혁을 종료한다."가 아니라 "문화대혁명은 이미 끝났다! 모든 역량을 단결해 사회주의 현대화 강국을 건설하기 위해 분투하자!"라고 선언한 것이다.

그렇다. 1976년 4월 저우언라이 총리의 추모를 위해 톈안먼 광장에 200만 인파가 군집해서 4인방에 대한 울분을 토하고 있을 때 사실상 문혁은 끝났다. 마오쩌둥의 사망과 4인방의 체포로 조반파가 몰락했기에 화궈펑조차도 문화대혁명 방식의 사상투쟁을 전개하지 못했다.

문화대혁명에서 벗어난 중국 지도자들은 자신이 서 있는 위치를 직시해야 했다. 중국의 산업은 원자재를 제외하곤 처참한 수준이었다. 노동력을 집중해서 제품을 조립할 순 있었지만, 자체의 기술로

· 진짜 중국 이야기 ·

중간재를 만들긴 역부족이었다. 게다가 아직 WTO 가입 전이라 통상 조약을 맺은 나라보다 맺지 않은 나라들이 더 많았다.

중국 지도자들은 중국의 현대화를 위해 기존의 방식, 즉 사상성과 정치신분, 투쟁 열정을 기준으로 간부를 선발해선 안 된다고 생각했다. 새로운 중국을 견인할 공산당 간부는 인민에게 충직하고, 국제 정세에 민감하며, 중국 인민에 대한 이해와 새로운 기술과 산업 · 통상 · 금융에도 밝아야 했다. 그래서 덩샤오핑 시대부터 간부 선발 기준은 혁명성이 아닌 전문성으로 전환되게 된다.

국립대학 입시 요강을 기존의 출신 성분과 혁명적 열의와 적극당원 중심의 선발제도에서 경쟁제도로 전환했다. 대부분의 관료들은 먼저 대학에 입학해야 했고, 승진하려면 입당을 준비해야 했다. 공산당은 중국 내 최고 명문대학에 대한 당원 선발 비중을 높여 갔다. 1990년 초부터 '전국공무원고시' 제도를 실행했는데, 당원이 아니어도 이 고시에 합격하고 기술 능력을 인정받으면 직책을 부여받을 수 있다.

대부분의 당 간부들은 초급 직책에서 시작해 시과(市科)급, 현처(縣處)급, 사국(司局)급, 성부(省部)급을 거쳐야 올라갈 수 있다. 부부장 자리에 오르기 위해선 부과장, 과장, 부처장, 처장, 부국장, 국장을 서쳐야 하는데 한사리의 최소 근무연차 3년을 잡아도 20년이 걸린다. 이 과정에서 전부 산하단체와 전국 각지의 기관에서 경험을 쌓는다. 실적과 성적이 우수한 자는 별도로 선발해서 해외 명문대학

147

유학의 기회를 얻는다.

이러한 공개경쟁시험은 현재 중국 전역에서 시행되고 있다. 2021년 통계 기준 당원의 53%가 대학 졸업자인데, 혁명 1 · 2세대 당원을 감안하면 청장년 당원 거의 대부분이 대학 졸업자라고 봐야 한다.

한국의 공직사회에선 격오지나 기피 부서에서 벗어나지 못하는 공무원은 아예 승진할 수 있는 라인에서 탈락한 것이라는 통념이 있다. 하지만 중국은 그 반대이다. 오지일수록, 열악한 환경에서 근무해서 성과를 낸 것은 이후 승진 과정에서 큰 도움이 된다. 한국의 공직사회에선 특정 인사에게 요직을 번갈아 맡기는 것을 회전문 인사라고 표현하지만, 중국에선 상층과 하층, 동과 서, 해안과 내륙을 한바퀴 돌아야 성급 이상의 임원이 될 수 있다.

당정(黨政) 간부에 대한 승진제도를 중국에선 고핵(考核)이라 한다. 인사 고핵은 1년에 한 번 정기적으로 실시하는 정기 고핵이 가장 중요하고, 특정 사업만을 평가하는 특별 항목 고핵과 일상 업무를 평가하는 평시 고핵도 참고한다. 지방 영도 간부에 대한 평가 항목은 5가지의 대분류를 거쳐 다시 십여 가지의 세부 분류에 따라 평가한다.

평가 방법은 대상자에 대한 주민 설문과 개별면담, 여론조사, 상급조직의 평가, 목표 책임제에 따른 달성 여부 평가 등이 있다. 여기서 목표 책임제란 당의 어떤 정책에 대한 달성 목표를 얼마나 달성

했는지를 기준으로 평가하는 방식이다. 빈곤 퇴치 정책이나 서부 대개발 정책, 신농촌 건설 정책 등의 중대한 국가 산업을 전개할 때 많이 사용되는 방식이다. 과거에는 당의 산아제한 정책도 중요한 고핵의 자료로 활용되었다. 대중소요 사건이 잇따라 발생하거나 민원에 대해 현장 방문이나 서신으로 제때 대응하지 못하면 직무 적합 판정을 받을 수 없다.

좋은 평가를 받은 간부들에겐 수당과 보너스가 주어지는데, 기본급의 3배가 넘는 금액이니 간부들에겐 충분한 동기 부여가 된다. 정기 고핵에서 좋은 평가를 연달아 받은 간부들은 상급 직위로 승진시키거나 더 좋은 처우와 영향력 있는 부서로 수평 승진을 시켜 준다. 자리가 나지 않을 경우엔 겸직 승진을 시켜 주는데, 구(區) 당서기를 하면서 한 등급 위인 시(市) 위원회 상무위원을 하는 식이다. 이러면 급여도 향상되고 서열도 높아진다.

그렇기에 중국 사회를 잘 아는 사람은 중국의 관료사회가 글로벌 기업 내부에서의 경쟁보다 더 치열하고, 자본주의 경영 가치와 같은 실적과 능력주의로만 움직인다고 비판할 정도다. 하급 간부에겐 일을 더 잘할 수 있는 기회를 두어 번 주지만, 지방 영도간급에서부턴 철저한 실력제다. 다만 가끔 윗선의 영향, 즉 '관시(關係)'를 중요하게 여겨 상급 단위 인사가 자기 사람을 승진시켜 자신의 곁에 두는 모습도 드물지는 않다.

아래 표는 지방 영도간부 집단의 평가 항목(2009년)이다.

지방 영도간부 집단의 평가 항목[31]

범주	세부 평가 항목
경제발전	경제발전 수준
	경제 발전 종합 효율
	도농 주민 수입
	지역 경제발전 격차
	발전 비용(代價, 소요 예산)
사회발전	기초 교육
	도시 취업
	의료 위생
	도농 문화생활
	사회 안전
지속가능 발전	에너지 절약, 온실가스 감소, 환경보호
	생태 건설과 경지 등 자원 보호
	인구와 가족계획
	과학기술 투자와 혁신
민생 개선	수입 수준 제고와 거주 환경 개선
	취업 확대와 최저 생계 보장
	군중의 진료와 입원, 자녀 취학, 교통
	문화 시설 건설과 문화 활동 전개

---

31 조영남, 『중국의 통치체제 2』, 21세기북스, 2022, p. 125.

• 진짜 중국 이야기 •

사회조화	사회 치안, 군중 안정감
	사회모순 조절, 청원 대응
	시민 도덕 교육, 문명사회 기풍
	민주와 권리보장, 기층 민주정치 건설
당정 업무 태도	의법 행정, 당무/정무 공개
	기관 서비스 품질, 업무태도
	기층 당 조직 전투력, 당원의 역할 발휘
	부패 반대 청렴 제창, 영도간부 청렴 자율

중국공산당의 최고 영도기관은 공산당의 정치국인데, 정치국원은 24명 수준으로 구성된다. 당에서 7명, 국가기관에서 7명, 전국인민대표와 지방대표 8명, 군에서 2명이다. 지방대표는 베이징, 톈진, 상하이, 충칭과 같은 거대 도시 또는 재정 기여도가 높은 광둥성과 신장위구르 자치구의 당서기 등으로 구성된다. 군은 중앙군사위 주석을 겸직하는 총서기, 부주석이 주로 참여한다.

하지만 어디까지나 실질적인 당의 최고 영도기관은 정치국 상무위원회이다. "중국의 관건은 중국공산당에 달려 있고, 중국공산당의 관건은 당 중앙에 달려 있으며, 당 중앙의 관건은 중앙정치국 상무위원회에 달려 있고, 중앙정치국 상무위원회의 관건은 집단지도체제에 달려 있다."는 말이 있다.

상무위원회는 7명으로 구성되며 매주 1회씩 회의를 연다. 공산당 중앙의 활동(회의와 대회) 기간(1년에 20여 일)을 제외한 일상을 상무위원회가 결정한다. 공산당과 국가산업에서의 중대한 문제와 중대 돌발사건 처리, 당과 기관에 대한 감찰과 감독, 인사권 등 거의 모든 영역을 관장한다. 최고 지도자 역시 이 상무위원 중에서 탄생한다.

중국공산당 위계구조(19대)

공산당 중앙 영도기관과 사무기구(2020년 12월 기준)

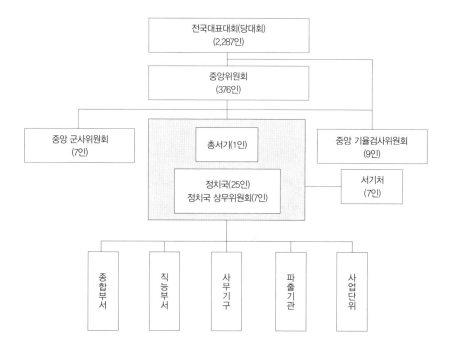

· 2장 100년의 꿈과 차이나 모델 ·

흔들리는 덩샤오핑 모델

시진핑 체제에서 가장 큰 변화는 헌법 개정을 통해 국가주석 3연임을 가능케 한 것이고, 관행적으로 2연임 이후 물러났던 당 총서기직 역시 3연임하고 있다. 덩샤오핑은 마오쩌둥 1인 장기 지배체제의 맹점을 누구보다 잘 알고 있었기에 헌법 개정을 통해 다음과 같은 문안을 삽입했었다.

> "중화인민공화국 주석·부주석의 임기는 전국 인민대표회의 임기와
> 동일하며, 두 차례를 초과하여 연임할 수 없다."

시진핑 주석은 상무위원회 배정에 있어서도 소위 상하이방, 태자방, 공청단의 계파 배분의 관행을 깨고 시진핑 친위 체계를 구축한 데 이어 자신의 연임 다음의 후계자를 사전에 지정하는 '격대지정(隔

代指定)'을 하지 않은 것이다. 덩샤오핑은 '중국공산당이 젊어져야 한다.'는 생각이 있었다. 그래서 장쩌민을 후계자로, 이후 후계자로 후진타오를 지정했고 이는 당 정치국과 중앙위원회가 지켜야 하는 유훈이었다. 따라서 후임자의 10년 임기를 고려하면 격대의 당 총비서가 될 자가 상무위원회에서 정치 수련을 하는 나이는 40~50대가 적절하다.

2007년 17차 중앙정치국 상무위원회								
후진타오	우방궈	원자바오	자칭린	리장춘	**시진핑**	**리커창**	허궈창	저우융캉
65세	66세	65세	67세	63세	**54세**	**52세**	64세	65세

2022년 20차 중앙정치국 상무위원(2022. 10월 인선)		
시진핑	총서기, 중앙군사위 주석	70세
리창(李強)	20기 국무원 총리	64세
자오러지(趙樂際)	20기 전인대 상무위원장	66세
왕후닝(王滬寧)	20기 전국 정협 주석	68세
차이치(蔡奇)	20기 중앙서기처 서기	68세
딩쉐샹(丁薛祥)	20기 부총리	61세
리시(李希)	20기 중앙기율위 서기	67세

하지만 2023년 현재 중국공산당의 상무위원회에는 50대 이하 상무위원이 단 한 명도 없다. 후진타오 주석 이래로 후계자를 지목하진 않아도 50대의 상무위원을 배치해서 경쟁을 통해 권력 승계를 하

도록 한 암묵적인 규칙이 깨진 것이다. 후진타오 시절의 중앙정치국 상무위원회는 계파별 분배를 통해 9명이 운영했는데, 2017년 상무위원회에 진입한 시진핑과 리커창 모두 50대 초반이었다. 시진핑 총서기가 3연임을 넘어 종신 집권을 꿈꾸고 있는 것 아니냐는 해석이 나오는 이유다.

시진핑의 연임을 두고 나오는 분석은 대체로 그가 제시했던 중국몽의 실현이 아직 이루어지지 않았다는 것으로 모아진다. 즉, 미국을 넘어선 초강대국의 지위를 차지하겠다는 중화인의 꿈을 실현할 적임자가 바로 시진핑이라는 당 내외의 의견이 모아졌다는 것이다. 하지만 필자가 보기에 이는 결과론적인 분석이다. 오히려 당내 실권파이자 시진핑 친위 그룹인 시자쥔(習家軍)에 반기를 들고 노선투쟁을 전개할 그룹이 남아 있지 않다는 것이 맞을 것이다.

시진핑 그룹의 강력한 반부패 투쟁은 '부패'만 청소한 것이 아니라 보시라이와 저우융캉을 중심으로 한 소위 '태자당' 세력도 함께 분쇄했다. 이어 2022년 10월 20차 상무위원회에 후진타오와 함께 공청단을 이끌어 왔던 리커창과 왕양, 후춘화가 모두 탈락했다. 시진핑의 노선에 동의하는 인물들이 대거 중앙당과 성 정부, 정부 기관 등에 중용되면서 장쩌민 체제 이래로 유지되던 3자 구도는 완전히 허물어졌다.

흔들리는 덩샤오핑 모델

시진핑의 3연임이 가능했던 이유와 이후의 집권 모델을 이해하기 위해선 덩샤오핑 시절부터 진행되었던 공산당 내의 노선 투쟁을 알아야 한다. 이 노선 투쟁의 핵심은 개혁개방과 관련된 것으로 거칠게 분류하자면 선부론과 공부론의 대결이다. 개혁개방으로 인해 내륙과 해안의 불균형이 심화되고, 양극화와 청년실업, 부동산 폭등으로 인한 사회주의 가치가 훼손된다고 느끼는 개혁파가 공부론이라면, 중진국의 덫을 넘어 선진국으로 가기 위해선 아직까지는 선부론을 유지해야 한다고 주장하는 쪽은 보수파다.

시진핑 주석의 3연임 이전까지만 해도 한국이나 서방의 언론에선 중국공산당의 파벌 구도를 3개로 구분해서 소개하곤 했다. 하지만 이는 어디까지나 서방의 시각이다. 파벌과 계파를 형성하거나 이를 위해 사조직을 만들거나 모임을 갖는 것은 반당행위로 엄벌에 처해진다. 가령 시진핑의 경우 태자당이기도 하고 상하이 총서기를 하며 상하이 인맥과 함께 중앙으로 진출했으며, 공청단의 지지를 얻어 총비서가 된 인물이다.

개국공신과 혁명원로, 인민해방군 수훈자의 자제를 중심으로 한 그룹은 태자당(太子黨)이다. 대장정 시절부터 함께했고, 문화내혁명 시절 대부분 고초를 당한 혁명동지 관계이기에 인맥은 물론 혼맥(婚脈)으로도 연결되어 있다. 자식들 간에도 서로 협력하는 관계다. 시

중쉰의 아들 시진핑을 예젠잉의 아들 예쉬안이 지원하며 정치적 성
장을 후원했고, 야오이린의 사위 왕치산을 시진핑이 상무위원(중앙
검사위 서기)으로 등용한 것이 대표적이다. 당내 보수파로 공산당 중
앙의 강력한 통제와 경제발전을 지지하는 것이다.

특구와 연해지역을 중심으로 성장과 경제발전을 중시하는 상하
이방(上海帮)은 덩샤오핑이 후계자로 지목했던 장쩌민이 총서기가
되면서 상하이 인맥들이 대거 등용되며 붙여진 이름이다. 1980년대
부터 두각을 나타내기 시작했는데, 이들은 중국공산당 내에서도 초
엘리트들이다. 미국에서 유학한 이들도 많고 영어와 통상에도 능통
하다. 이들이 당의 주요 요직에 있을 때 중국공산당의 능력주의 관
문은 웬만한 글로벌 대기업보다 높았다.

정치적 통제를 유지하면서 공산당이 지정한 일정한 범위에서 사
회·경제적 자유를 누려야 한다는 노선이다. 장쩌민 초기에 이들은
태자당과 공청단의 입장을 통합시키는 중도파였고, 이후 태자당과
함께 국영기업을 장악하면서 보수파로 분류되었다. 원래 베이징방
이 엘리트 그룹이었지만, 이들을 몰아내고 장쩌민 시대 실권을 잡았
다. 주로 부유하고 발전된 연해 지역의 경제통들이 많다.

공산주의 청년조직인 중국공산주의청년단(中國共産主義靑年團) 출
신은 공청단(共靑团)으로 분류한다. 1920년 중국공산당이 상하이에
서 청년을 대상으로 한 사상교육과 예비당원 양성을 위해 창설했고,

오늘날 만 14세 이상의 중국 청소년과 대학생 대부분이 공청단에 가입되어 있다.

공청단 활동은 당원이 되기 위한 필수 코스다. 2017년 기준으로 8,125만 명이었으니, 공산당원에 버금가는 위용이다. 기층조직은 360여만 개인데 전국 각지에 거미줄처럼 퍼져 있다. 1952년 총서기가 된 후야오방이 공청단을 확장시켰고, 1989년 톈안먼 사태와도 연루되어 있다.

후야오방 총서기가 학생들의 시위에 미온적으로 대처하자 사임을 요구받고 이후 갑자기 사망했는데, 공청단원들은 그의 추모일을 기점으로 더욱 맹렬하게 시위하며 언론 자유와 고위공직자 처벌, 민주주의를 요구했다. 이 과정에서 촉발된 것이 바로 톈안먼 사태다. 이때 공청단 출신 멤버들은 모두 실각했고, 덩샤오핑은 미래를 위해 후진타오만은 점찍어 장쩌민의 후계로 지정했다.

흥미로운 점은 중국공산당의 기층 골간을 형성하고 있는 공청단이 당 내에선 줄곧 정치적 자유 확대, 국영기업 유지, 인민 권리 신장, 빈부 격차와 부정부패 척결과 같은 개혁파 목소리를 담당했다는 것이다. "GDP가 사람보다 중요할 순 없다."는 것도 공청단의 일관된 주장이다.

덩샤오핑의 개혁개방으로 경기가 과열되고 인플레이션으로 생활고가 가중되자, 공산당의 개혁과 정치적 권리의 확대를 주장했다. 후진타오가 최고지도자 자리에 올랐을 때에도 장쩌민은 2005년까지 중앙군사위 주석직을 내어 주지 않았다. 그래서 당내 상하이방과 태자당을 중심으로 하는 보수파와 공천단의 노선 갈등이 후진타오 집권기 내내 이어졌다. 리커창, 후춘화, 왕양 등이 대표 주자였고 리커창은 시진핑 집권 1기 때 총리로 있으면서 경제정책에서 시진핑과 이견을 번번이 노출했다. 2022년 당 대회를 기점으로 상무위에서 모두 탈락했다.

후진타오 임기 말 중국공산당은 혼란스러웠다. 브루킹스 연구소의 리청 중국센터장은 "일당양파(一黨兩派)"라고까지 표현했다. 한 당에 두 개의 파벌이라는 뜻이다. 경제발전 노선, 정치개혁과 민주주의 확대 문제를 두고 태자당과 상하이방을 한 축으로 하는 보수파와 후진타오의 공청단 세력이 갈등했다.

보시라이는 태자당 출신이면서 이제는 적절한 분배를 할 때라며 자신이 구축한 충칭 모델을 주장했고, 균형 발전과 부패 척결, 도농 격차 해소 방안을 쏟아 냈다. 사실 이는 후진타오와 공청단의 노선과 유사했다.

후진타오 집권기에 상무위원이었던 저우융캉이 보시라이를 지원하면서 태자당에서 보시라이를 중심으로 하는 신세력이 형성되었다. 애초 상하이방과 태자당을 한 축으로 했던 보수파와 공청단이라는 개혁파가 이제는 3개 노선으로 경쟁하게 된 것이다. 후진타오는 이런 당내 혼란을 수습하기 위해 시진핑을 선택했다.

2013년 3중전회를 통해 시진핑이 내세운 슬로건은 전방위적인 개혁과 빈곤 퇴치, 균형 발전이었는데, 이는 당시 후진타오의 공천단의 비전과 일치하는 것이었다. 보시라이가 숙청되지 않았다면, 아마도 후진타오 후임의 총서기는 여전히 당을 온전히 장악하지 못한 상태로 노선 투쟁을 하고 있었을지도 모른다.

시진핑 3연임과 중국의 꿈

후진타오는 2012년 전례를 깨고 자신이 가지고 있던 3개의 영도 지위를 한꺼번에 넘겼다. 당 총서기, 국가주석, 중앙군사위원회 주석직을 한꺼번에 승계한 것이다. 정치국 상무위원회도 9명에서 7명으로 줄였다. 시진핑에서 권력을 승계할 때 중국공산당 내부는 그만큼 혼란스러웠다. 이 혼란의 중심에 보시라이가 있었다.

보시라이는 문화대혁명 시기 대부분의 태자당 원로들이 고초를 겪을 때 열렬히 홍위병 활동을 했던 인물이다. 1992년 다롄시 시장을 맡아 다롄을 보기 드문 미항으로 바꿔 놓았다. 이후 승진을 거듭해 랴오닝성 성장을 맡으며 두각을 나타냈고, 2007년 충칭시 총서기로 밀려나면서 그는 본격적으로 후진타오 당 중앙과는 다른 노선을 제시하기 시작했다.

그는 당 서기였지만, 당의 지도력으로 내륙 도시였던 충칭시를

• 진짜 중국 이야기 •

완전히 탈바꿈시키는 데 성공했다. 이는 당시 왕양의 광둥 모델과 대비되었다. 광둥 모델은 국유기업의 민영화 구조조정 등을 통해 파이를 먼저 키우자는 것이었고, 충칭 모델은 경제 성장과 분배가 동시에 실행될 수 있다는 것을 보여 주는 표본이었다.

국유기업을 민영화하지 않고 되살려, 여기서 나온 수익을 정부 재정으로 삼아 복지 투자를 늘리는 한편 민간 기업의 활력까지 북돋우는 충칭 모델은 당시 차기 지도자로 확실시되는 시진핑 국가 부주석을 비롯해 정치국 상무위원들이 충칭을 찾아가 잇달아 칭찬했다. 『런민르빠오』 등의 각종 매스컴에도 대대적으로 소개됐다. 충칭 모델은 2012년부터 시작되는 시진핑 체제의 유력한 국정 모델로 여겨지기도 했을 정도다.

충칭은 2011년까지 몇 년간 초고속 성장을 이뤘다. 2010년 기준으로 충칭의 GDP 증가율은 17.1%로 전국 2위, 증가 속도는 전국 1위였고, 그럼에도 소비자물가지수(CPI) 상승 폭은 전국 평균보다 0.4% 낮았다. 이런 성과가 개혁·개방의 혜택을 받지 못했던 서부 내륙 지역에서 일어났다는 점이 특별했다.

보시라이는 농민공을 위한 공공주택 보급 사업을 전개했고, 당적 권력을 사용한 반부패 타도 캠페인을 대대적으로 펼쳤다. 충칭의 성과는 연해 지역 중심의 발전으로 인한 지역 간 불균형과 빈부 격차, 도농 격차 문제 등으로 골머리를 앓던 당시 중국 공산당 지도부에 중요한 영감을 주었다. 충칭 모델은 개도국과 제3세계 국가에겐 '워싱턴 컨센서스'에 대비되는 '베이징 컨센서스'가 될 것이라는 학자들도 많았다.

칭화 대학 리시광(李希光) 교수는 "충칭의 실천은 워싱턴 컨센서스를 타파하고 동아시아 모델을 뛰어넘었으며 베이징 컨센서스를 새롭게 창조했다."라고 주장한다. 그에 따르면, 충칭의 실천이 보여 준 것은 자본주의 시장, 사회주의 계획, 국유경제, 민간경제, 글로벌 문화, 사회주의 문화가 공존하는 현대적 발전 모델이다. 자기 나라, 자기 도시의 실정에서 출발해 자신의 발전 방향을 찾아내는 것이므로 사회주의와 자본주의의 한계를 극복하려는 '중국 모델'의 내용을 더욱 풍부히 한다는 것이다. 그는 충칭 모델이 향후 세계 발전에 영향을 미치는 신지식이 될 것이며, 세계 민중의 희망이 될 수 있다고 자부한다. …

국유기업(공기업) 정책이 핵심이다. 무조건 민영화를 추진하는 신자유주의식 해법을 뒤엎은 것이다. 2008년 미국발 금융위기 전까지는 중국도 결국 시장화 · 사유화 · 민영화로 갈 거라는 전망이 우세했다. 동아시아 위기가 한창이던 1997~1999년 중국도 신자유주의 영향으로 대대적인 민영화 조처를 취했다. 그러나 중국 지도부는 현명하게도 조대방소(大放小: 큰 것을 쥐고 작은 것을 놓는다)라 하여, 철강 · 자동차 · 화학 · 통신 등 국가 기간산업이나 부가가치가 큰 산업은 절대 민영화하지 않았다. 대신 작고 부가가치가 높지 않은 곳만 민영화했다. 큰 기업들에 대해서는 국가가 지배주로서 경영권을 가지고 시장 경쟁력 있는 국유기업으로 만들겠다는 것이었다.[32]

문제는 그의 정치적 행보였다. 그는 충칭 지역 방송국의 상업광고를 금지하고 마오쩌둥의 공산주의 사상을 홍보하는 광고를 편성했다. 문제는 이 시기 방영된 혁명가요 대다수가 대약진운동과 문화대혁명 시절 마오쩌둥을 숭배하는 노래였다는 점이었다. 자신의 '창홍타흑(唱紅打黑)' 정책을 요란하게 선전했다.

창홍타흑이란 혁명사상을 고취하고 부패를 뿌리 뽑자는 운동이다. 그는 자신이 만든 '충칭 모델'이 진정한 마오쩌둥 사상의 실현이라는 방식으로 홍보했다. 그는 상무위원을 노리고 있었다. 보시라이는 기층 군중집회를 통해 당 중앙의 인사정책을 공격하고, 마오쩌둥 사상과 사회주의 순결성을 언급하면서 문화대혁명의 분위기를 조성했다.

닐 헤이우드와 부인 살해 혐의, 부하 왕리쥐 망명 사건, 중앙당 간부에 대한 도청 사건 등 보시라이의 끔찍한 치부에 대해 충칭시 공안당국에서 조사에 들어가자 내몰린 그는 "문화대혁명이 다시 벌어질 수도 있다."며 당을 겁박했다. 덩샤오핑 이후 중국공산당에서 문화대혁명의 음습한 사상투쟁 분위기를 풍기는 자가 설 자리는 없었다.

체포를 앞둔 그가 윈난성의 14집단군을 방문해 쿠데타를 준비한 정황 또한 밝혀졌다. 후진타오가 군의 완전히 장악하지 못하고 있던

---

32 "자신만만 중국, 이제는 '충칭 모델'이다". 『시사저널』. 2011년 12월 12일자.

상황을 노린 것이다. 2012년 3월 원자바오 총리는 전인대를 마감하는 기자회견에서 "보시라이는 문화대혁명의 오류를 저질렀다."며 강력히 비판하고 그는 무기징역형을 받고 정치 무대에서 사라졌다.

이에 대해 후진타오의 지시로 원자바오가 처리했다는 말도 있고, 후진타오가 거대 파벌인 태자당의 유력 주자였던 보시라이 제거에 부담을 느끼자 원자바오가 전광석화처럼 해치웠다는 말도 있다.

보시라이의 후견인인 저우융캉(周永康) 사건도 충격을 던졌다. 2012년 3월, 수도 베이징에서 인민해방군과 저우융캉의 무장경찰대가 충돌해 총격전을 벌인 일이 있었다. '인민무장경찰대'는 치안을 담당하는 '공안(公安)'과는 다른 조직으로 미사일을 제외한 신식 무기로 무장한 150만 명의 준군사조직이다.

정우융캉은 중앙정치법률위원회 서기였는데, 무장경찰대와 경찰, 검찰, 법원을 관장하는 사법기관의 장이다. 막강한 실권자였던 저우융캉은 결국 시진핑의 지시로 2014년 기밀 누설과 뇌물 등의 혐의로 체포되었다. 시진핑은 2018년 인민무장경찰대를 중앙군사위가 단독으로 지휘할 수 있도록 지휘체계를 바꿨다.

보시라이 사건을 중국 밖의 나라에선 엽기적인 스캔들 정도로 받아들였지만, 당시 중국공산당이 받은 충격은 매우 컸다. 무엇보다 덩샤오핑이 구상하고 실현해 온 집단지도 체제의 약점이 그대로 노출되었기 때문이다.

저우융캉과 보시라이 사건은 공산당 핵심 간부가 어디까지 부패할 수 있는지를 보여 주는 단적인 예였고, 경제발전 노선을 둘러싼 당내 진통이 어떤 순간에는 내전 수준의 무장투쟁으로까지 번질 수 있다는 것을 확인시켜 주었다.

2003년 장쩌민은 국가주석과 총비서 자리를 내어 주면서 가장 중요한 권력인 중앙군사위 주석직은 1년 넘게 내려놓지 않았다. 2005년 중앙군사위 주석직을 넘기면서도 2007년까지 중앙군사위에 자신의 측근을 심었고, 상하이방의 대표 주자였던 쩡칭훙 전 국가부주석어 후진타오의 공청단을 견제했다. 당 총서기의 영도력은 시험대에 올랐다.

후진타오는 장쩌민과 달리 시진핑에게 서둘러 3개의 영도 지위를 모두 넘겨주었다. 중국의 경제개발 노선을 둘러싼 갈등은 덩샤오핑 이래 끊이지 않았다. 심지어 덩샤오핑이 장쩌민 주석에게 모든 실권을 넘긴 후에도 당내 보수파(태자당)들은 '톈안먼 사태'를 빌미로 개혁개방에 따른 부작용을 공격하며 기존 사회주의 노선으로의 회귀를 주장했다.

이런 보수적 분위기 속에서 서방 자본이 이탈할 조짐을 보이자, 1992년 덩샤오핑은 노구를 이끌고 경제특구를 순방한 후 '남순강화(南巡讲话)'라는 담화문을 발표해 당내 분란을 정리한 바 있다. 중국 공산당의 집도지도체제는 강력한 영도자가 있을 경우 활력을 보이지만, 지도자의 장악력이 떨어지면 언제든 일당양파의 곡절을 겪을 수 있음을 보여 준 사례다. 후진타오가 당·정·군이라는 3권을 서둘러 모두 넘긴 이유가 여기에 있다.

|

중국공산당 3대 계열의 소멸과 시자쥔 체제의 등장

	최고지도자	공청단	태자당	상하이방	시자쥔
1981년	덩샤오핑				
		톈안먼사태			
1989년	장쩌민				
2003년 2005년	후진타오				
2012년	시진핑		보시라이 사건, 부패와의 전쟁		
2022년		3연임 결정, 20차 상무위원회 개편			

이때부터 공산당 중앙에선 시진핑 주석이 덩샤오핑에 버금가는 통합된 권력을 쥘 것으로 예측했다. 당·정·군의 실권을 모두 장악했지만, 시진핑 주석으로의 권력 집중은 거기에서 그치지 않았다. 2013년 10월 당 3중전회에서 설립이 결정된 전면개혁심화영도소조와 국가안전위원회뿐만 아니라 뒤이어 출범한 사이버안전영도소

168

조, 국방군대개혁영도소조 등 의사 협조 및 결정 기구의 수장을 시 주석이 모두 맡았다.

심지어 1998년 이래 총리가 맡아 왔던 재경영도소조마저 장악했다. 국영기업은 물론 마윈의 알리바바와 같은 사기업도 직원들에 대한 사상교육과 당의 지침을 선도적으로 이행하지 않으면 안 될 정도의 기강을 잡았다. 옷을 만들던 회사도 당이 명령하면 마스크 생산에 뛰어들 수 있어야 한다는 것이 시 주석의 의지다. 시 주석은 마오쩌둥, 덩샤오핑에 비견될 정도로 막강한 1인 지도 체제를 구축했다.

일부 전문가들은 시진핑 주석의 슈퍼 파워를 그의 출신성분에서 찾기도 한다. 시진핑은 혁명원로 가문 출신으로 태자당의 적자이고, 상하이 당 서기를 지내면서 상하이방 인맥을 장악했으며, 후진타오 체제에서의 갈등 국면에서 공청단의 지원을 받았다는 점에서 기존의 3대 파벌의 하나로 묶기에는 그의 정치적 기반이 크다는 점을 지적한다.

2022년 10월 22일 중국공산당 20차 당대회에서 후진타오 전 주석이 수행원의 부축을 받으며 퇴장당하는 장면이 송출되었다. 당헌 개정, 중앙위원회 선출 비밀투표가 끝난 직후에 벌어진 일이다. 한국의 언론은 상무위원회 명단에 공청단 출신인 리커창 총리와 왕양 주석이 빠지고 중앙위원회에 후춘화 국무원 부총리가 빠진 것을 본 후진타오 전 주석이 분노하며 발언하려 하자 시진핑 주석이 퇴거를 지시했다는 내용으로 추정했다.

하지만 상무위원회 명단은 적어도 보름 전에 중앙위원회에 보고되며, 중앙위와 당 대회 모두 이견 없는 만장일치로 시진핑 3기 지도부를 인준했다는 점을 감안하면 이는 소설에 가깝다. 중앙위원회 선출 투표가 끝난 직후에 벌어진 사건이라 이를 두고 중앙위원회에 공청단이 대거 낙마한 것에 분노했다는 뉴스도 마찬가지다. 중앙위원회 후보 명단 역시 같은 과정으로 사전에 보고되어 당 대회에선 만장일치로 통과시키는 것이 관례다.

뒤이어 나온 주장은 당장(黨葬) 개정에 대한 반대 목소리를 내기 위해 후진타오가 발언하려 하자 시 주석이 이를 막았다는 보도다. 하지만 이 역시 말이 안 된다. 개정된 당장엔 "시진핑 총서기의 당 중앙 핵심 지위 및 전당 핵심 지위, 당 중앙의 권위와 집중 통일 영도를 각각 결연히 수호한다."는 뜻인 '두 개의 수호'가 모든 당원의 의무 중 하나로 명기되었는데, 이는 이미 2021년 11월 당의 〈역사 결의〉에 모두 들어 있는 내용이다.

개정 당장에 추가된 문구는 "인민해방군을 세계 일류 군대로 만든다."와 "대만 독립에 반대하고 결연히 억제한다." 정도다. 따라서 당장 개정에 반대하는 발언을 시 주석이 막았다는 것도 낭설이다. 중국 당국은 후진타오 전 주석의 건강이 안 좋아서 벌어진 일이라는 해명을 내놓았지만 이 역시 설득력이 떨어진다. 다만 후진타오 전 주석이 '불편한 심기로 무언가를 말하려 했다' 정도가 설득력 있는 주장인 듯하다.

후진타오는 자신의 파벌인 공청단의 영향력을 보장받으며 장쩌민 계파가 5대 시진핑 지도부에서도 상왕 노릇을 하는 것을 막아 주려 했다. 하지만 후진타오도 시진핑의 3연임 시대까지는 내다보지 못했던 것 같다. 공청단과의 동거는 2022년으로 막을 내렸다.

2022년 시진핑 3연임을 확정한 20차 당 대회를 놓고 서방과 한국의 언론에선 종신 독재체제의 완성, 시진핑 왕조의 등장이라고 표현해 왔다. 그런데 여기서 생각해 봐야 할 지점이 있다. 바로 시진핑 주석의 2연임이 끝났던 2022년을 중국의 역사적 관점에서 보면 약간의 답이 나온다.

우선 2022년은 후진타오의 평화굴기가 끝났다는 점이다. 미국은 중국과의 수교 당시 대만과 단교(斷交)하고 '하나의 중국' 원칙에 동의했다. 하지만 중국의 힘이 커지고 대만이 반도체 공급망의 핵심으로 부상하자, 미국은 남중국해와 대만해협에서 중국과의 정면 대결을 선택했다.

2023년 주한미사령관은 "이제 가장 큰 안보위협은 북한이 아닌 중국"이라고 발언했고, 미 국무부는 "중국이 무력으로 대만을 점령하려 할 시 미군이 즉각 참전할 것"이라고 밝혔다. 즉, 평화의 시대가 가고 대결의 시대가 왔다는 점에서 중국공산당이 강력한 1인 영도체제를 지지 또는 묵인하고 있다고 보는 것이 타당하다. 현재 중국 인민해방군은 준전시상황에 달하는 수준으로 태평양에서 미 함대와 조우하고 있다. 비상시국엔 단순하면서 강력한 지도체제가 필

171

요하다.

　다음으로 시진핑의 재임 중 터진 코로나 팬데믹은 중국의 일대일로 사업과 내수 활성화를 통한 국가경제의 균형발전 계획을 무색하게 만들었다. 코로나로 중국이 완전한 봉쇄를 이어 가며 각지에서 봉쇄에 항의하는 대규모 군중시위가 연달아 벌어지고 미국의 대중 무역제재, 중국에 대한 투자 감소 등으로 중국은 역대 최저 수준의 경제성장률을 기록할 것으로 전망하고 있다. 청년 실업률은 급증하고 봉쇄 기간 폐점한 자영업자들이 무너지면서 중산층 붕괴가 시작되었다. 전형적인 '중진국의 덫'에 해당하는 징표들이다.

　열거하면 셀 수 없을 정도의 위기가 중국공산당 앞에 도사리고 있다. 미국의 대중 정책이 타협과 설득이 아닌 제재와 봉쇄로 이어지고 있는 상황에서 중국이 관리해야 하는 수많은 사업과 전략은 모두 시진핑 체제에서 시작된 것이다. 중국의 거시적 국가발전 전략이 대부분 2025년과 2050년 건국 100주년을 맞춰 설계되었고, 중국은 지금 8부 능선을 넘는 중이다. 권력 교체에 대한 목소리가 크지 않았던 이유다.

3장

이미 시작된
전쟁

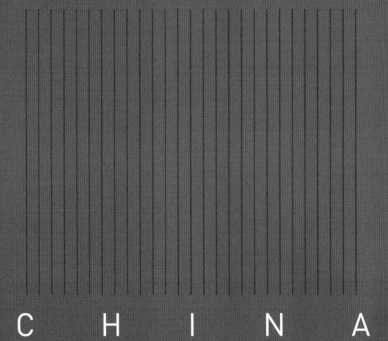

C H I N A

전쟁의 역설

한자어 '戰爭(전쟁)'은 한국 · 중국 · 일본 모두에서 사용하나 '戰 (전)'의 자형이 각각 다르다. 한국은 戰, 중국은 战, 일본은 戦으로 표기한다. '爭(쟁)'도 중국과 일본에서는 '争'으로 자형이 약간 다르다. 대개는 戰이 핵심 한자이기에 대부분의 한자어는 戰을 가지고 만들어진다. 한국어에서 전(戰)은 전쟁의 방식을 주로 나타내고(예: 해전, 시가전 등) 개별 전쟁이나 전투는 '~전쟁', '~전투'라고 부른다.

대체로 부상자 및 사상자가 발생하는 유혈사태가 일어나는 시점부터 전쟁으로 간주된다. 예컨대 군대를 출동시켰다 하더라도 2017년 중국 · 인도 국경 분쟁과 같이 대치만 하는 상태로 끝나면 분쟁 (紛爭, conflict)으로 그친다. 선전포고까지 했어도 사상자가 극히 적은 독일 · 프랑스 전선(1939~1940) 같은 경우는 '가짜 전쟁'으로 불리기까지 한다. 영국 · 잔지바르 전쟁은 30분 만에 끝났지만 사상자도 있었고 선전포고도 제대로 이루어졌기에 전쟁으로 불린다.

드문 사례로, 사상자도 발생했지만 당사국 사이의 이해로 전쟁이라고 불리지 않는 경우도 있다. 중국·소련 국경분쟁의 경우 최소 100명 이상의 사상자가 발생했지만 양자 모두 핵전쟁의 위협을 느껴 극적으로 합의했고 일반적으로 전쟁이라고 여겨지지 않는다.

심지어 중국과 인도도 2020년 중국·인도 국경 분쟁 과정에서 사상자가 발생했지만 양측을 비롯해 세계 어느 국가도 이를 전쟁이라고 부르지 않는다. 양측이 결렬하게 싸우는 동안에도 양국 대사관은 철수하지 않았고 교역도 정상적으로 진행되었다. 물론 사상자도 극소수였다.

전투 권리를 얻는 것은 교전권(交戰權, belligerency)이라고 하며, 이는 근현대에 더 중요시되었다. 교전권이 없는 집단이 단발성의 공격 행위를 벌일 경우 전쟁이 아닌 테러로 취급된다. 한 지역에서 여러 번의 테러가 있을 수도 있으나, 그런 경우 각각이 다른 테러 사건으로 불린다.

한편, 전쟁은 군대가 주둔해 있는 동안 여러 전투가 벌어져도 전쟁으로서는 동일한 전쟁으로 본다. 교전단체가 아닌 세력을 진압할 경우에도 마찬가지로 전쟁이 아니라 민간인에 대한 경찰 활동으로 취급된다.

전쟁은 근본적으로 모두에게 손해이며 부도덕한 행위이지만 그

175

렇다고 해서 전쟁에 대한 대비와 국방력 확충의 필요성이 부정되는 것은 아니다. 즉, 역설적이게도 전쟁을 피하고자 한다면 전쟁을 위한 준비를 철저히 해야 한다.

"평화를 원하거든 전쟁에 대비하라."는 격언이 있듯이, 전쟁 대비가 잘되어 있어야 외세의 침공이 없는 것이다. 사회학적 관점을 봤을 때, 국제사회에선 영구 구속력을 가진 상위 권력이 없기 때문에 기회가 생겨서 전쟁을 일으켜 무력으로 무언가를 탈취한다 해도 전쟁을 일으킨 나라의 힘이 막강하다면 제재받지 않는다. 따라서 힘의 균형이 무너지면 전쟁이 발발하는 것이 당연하다는 뜻이기도 하다.

역내 분쟁과 내전은 역설적이지만 상호 간에 보유한 무력이 어정쩡한 수준에서 비등비등하기 때문에 발생한다. 예를 들어 A와 B 중 어느 한쪽이 압도적인 무력을 보유하고 있다면 전쟁은 발생하기 어렵다. 그리고 A와 B 모두가 압도적인 무력을 보유하고 있을 때에도 역시 전쟁은 발생하기 어렵다. 결국 현대의 내전은 A와 B가 서로 비슷한 수준의 무력을 보유하였으면서도 그 무력 수준이 변변치 않아 어느 쪽도 상대방에게 치명적인 타격을 주기 어려운 상황에서 주로 발생한다.

외국 군대가 개입하면 내전이 국제전으로 비화되기도 한다. 하지만 군대를 파견할 정도의 힘의 가진 나라들은 자신의 나라에서 전쟁하지 않는다. 분쟁국에 무기를 지원하고 용병을 파견할 뿐이다. 수단 내전이 현재 그렇다.

20세기를 관통했던 냉전은 상호확증파괴의 가능성을 지렛대 삼아 전쟁 없이 종료되었다. 지구상에서 무기 밀도가 가장 높은 지역인 동북아시아가 실제로는 전쟁·분쟁·테러 위험에서 가장 안전한 지역인 것에서 알 수 있듯이, 일정 수준 이상의 잘 조직된 군대의 존재, 즉 상호 간의 일정한 군사력 유지는 확실하게 전쟁을 막는 역할을 한다.

즉 전쟁은 최대한 피해야 하지만, 그에 대한 대비가 철저해야만 전쟁을 억제할 수 있다. 세계를 권역별로 나누어서 살펴보면 알 수 있지만, 해당 지역 국가들의 중앙 정부가 통제하는 체계적인 군비 수준이 낮은 곳일수록 전쟁·분쟁·테러 그리고 범죄조직의 활동으로 인한 사망자가 많다.

양안 문제는 역사 문제

아직도 전사 연구자들은 투키디데스가 쓴 『펠로폰네소스 전쟁사』
를 높게 평가한다. 기원전 5세기 그리스 패권을 두고 치른 아테네와
스파르타의 전쟁 원인에 대해 그는 이렇게 썼다.

"전쟁이 필연적이었던 것은 아테네의 부상과 그에 따른 스파르타의 두
려움 때문이었다."

기존 강대국이 안정된 국제 질서, 가령 자유로운 교역 등의 조건
을 형성하면, 그 시스템을 활용해 새로운 강국이 등장한다. 처음에
이 신흥 강국은 초강대국이 만든 룰을 따르고, 고개 숙인다. 하지만
무역 등으로 벌어들인 재화가 풍족해지고 인구 증가로 세금 수입이
많아지면 신흥 강국은 이 돈을 군비 확장으로 돌린다. 기존의 패권

국은 이 신흥 강국의 성장을 두려워한다. 동맹을 활용해서 고립시키려 하고, 신흥 강국은 패권국이 자신을 압살할지도 모른다는 두려움에 군대를 더욱 강력하게 키운다. 이 긴장과 반목이 반복되다 어느 시점 작은 불꽃으로 전쟁은 발발한다.

1914년에 시작된 독일과 영국의 전쟁도 이런 모델로 설명할 수 있다. 독일은 영국이라는 패권국가가 해적을 소탕하고 유럽에서 남미, 아시아까지 확장시킨 무역 항로를 이용해 힘을 키웠다. 독일제국의 3대 황제였던 빌헬름 2세는 자국의 기술자들이 이제는 영국의 함포와 군함을 뛰어넘는 수준으로 성장했다고 판단했고, 대영제국의 함대를 박살 낼 강력한 함대를 건설하도록 지시했다. 전함 전쟁은 이렇게 시작되었다.

이 전쟁사들을 보면서 기시감을 느끼는 것은 필자만은 아닐 것이다. 지금 미국과 중국이 그렇다. 중국은 미국의 용인으로 세계무역기구에 가입했고 힘을 키웠다. '도광양회'라는 덩샤오핑의 유지는 후진타오 주석 시절까지 지켜졌다. 2008년 베이징 올림픽의 슬로건은 '하나의 세계, 하나의 꿈(One world, One dream)'이었다. 개막식엔 중국의 문화유산이 아름답게 펼쳐졌고, 중국은 평화와 진보, 협력과 친선이라는 13억 중국인의 꿈을 예술적 메시지로 전했다.

중국은 '공자학교'를 설립해 소프트 파워 강국이 되고자 했고, 아프리카로 향한 중국의 원조는 친선적 성격이 강했다. 심지어 차관을 갚지 못해도 대가 없이 기한을 연장해 주었고, 달러가 아닌 장기 현물 납부도 받아들일 만큼 중국의 통이 컸다.

미국이 1990년부터 '워싱턴 컨센서스'를 개발도상국에게 강요하면서, 시장 자유화와 인권, 민주주의, 사회제도, 법규 개선 등의 까다로운 조건을 요구한 것과 달리 중국은 쿨하게 경제적으로 서로 윈윈하자고 제안했다. 관계가 강화되자 중국은 키르기스스탄, 투르크메니스탄, 미얀마, 파키스탄, 케냐를 거대한 경제권으로 묶으면서 일대일로 사업으로 전환했다. 중국의 이런 행보는 미국 또는 러시아 양국어느 쪽에도 가담하지 않겠다는 국가의 숫자를 늘리는 데 기여했다.

2023년 4월 『이코노미스트(economist)』는 미국의 패권이 흔들리고 있다면서 'T-25'라는 개념을 소개했다. 'Transactional-25'는 미국·러시아·중국이 국제적으로 부딪혔을 때 그 어느 쪽 편도 들지않겠다는 신종 '비동맹국가' 개념이다.

러시아의 우크라이나 침공에 대해 미국이 주도해서 열린 UN 총회에서 러시아에 대한 제재와 규탄 결의에 찬성한 국가는 52개국밖에 되지 않으며, 12개국 정도는 반대, 그리고 120여 국가는 대부분중립(비동맹)을 선택했다. 현재 UN 회원국은 193개국이다.

'T-25' 국가는 멕시코, 모로코, 알제리, 이스라엘, 튀르키예, 베트남, 카타르, 방글라데시, 콜롬비아, 페루, 이집트, 태국, 남아공, 필리핀, 칠레, 나이지리아, 브라질, 싱가포르, 인도, 파키스탄, 인도네시아, 말레이시아, 아르헨티나, 사우디아라비아, 아랍에미리트다. 세계 인구의 45%이며, 이들 나라간 무역 규모에서 중국이 차지하는 비중은 20~25%다. 브라질의 경우 대두와 옥수수 수출에서 절대적으로 중국에 의존하고 있다. 아르헨티나와 인도는 T-25 국가들과의 무역량이 자국 무역 규모의 50%를 넘겼다.

이들이 다른 세계를 구축하려는 이유는 간단하다. 미국 주도로 전개되는 각종 제재와 규탄, 침공에 피로감을 느끼는 것이며, 자국의 이익에 미국의 패권이 도움이 되지 않는다고 판단한 것이다. 적어도 세계 국가의 절반 이상은 초강대국 미국의 요구에 끌려 다니지만은 않겠다는 전략을 수립하고 있다.

중국이 주도적인 역할을 하고 있는 '브릭스(BRICS)[33]가 차지하는 세계 GDP(PPP)의 비중은 2022년을 기준으로 G7을 추월했다. BRICS가 34%, G7이 24%다. 현재 인도네시아, 튀르키예, 사우디아라비아, 이집트, 아르헨티나, 이란, 알제리 등이 브릭스 가입을 희망하고 있다.

미국은 필사적으로 동맹을 회유해서 반(反) 중국 전선을 구축하려하고 있다. 반도체와 중국의 도련선(島鏈線)[34]을 포위하는 '항행의 자

---

33 브라질(Brazil), 러시아(Russia), 인도(India), 중국(China), 남아프리카 공화국(South Africa) 5개국의 머리글자를 따서 부르는 명칭이다.

34 중국이 미 해군의 활동을 억제하고 태평양에서 패권을 차지하기 위해 설정한 전략적 개념이다. 1982년 중국군 해군사령관 류화칭이 설정한 해상 방어선. 태평양의 섬을 사슬처럼 이은 가상의 선으로, 중국 인민해방군 해군의 작전 반경을 뜻한다. 가령 제1도련선은 중국이 태평양으로 진출하기 위한 첫 전선이다.

유' 작전이 대표적이다. 일본은 자신의 예상을 훌쩍 뛰어넘어 커져 버린 중국의 힘에 어쩔 줄 몰라 한다. 양안에서 전쟁이 발발하면 언제든 미국과의 동맹군으로 참전하겠다는 의사를 밝히고 있다. 일본의 군비 투입 예산은 2022년을 기준으로 세계 3위를 기록했다.

동아시아 안보전문가 휴 화이트(Hugh white)는 2014년『중국을 선택하라』라는 책에서 다음과 같은 조언을 했다. 너무나 빠른 속도로 팽창하는 중국의 세력권을 미국이 인정하지 않는다면 결국 남은 것은 전쟁밖에 없는데, 이를 피할 수 있는 방법이 있다면서 일종의 '중국 독트린'을 수용할 것을 제안했다. 즉 미국이 중국·인도·일본에게 일정한 세력권을 인정하며 양보하면 아시아의 협조체제가 작동하면서 패권국 간의 대결을 피할 수 있을 것으로 전망했다.

물론 이런 구상은 지금 돌아보면 덧없다. 인류 역사에서 패권국이 스스로 손에 쥔 질서를 양보한 사례가 없고, 또 신흥 도전자의 힘이 커지도록 용인한 사례도 없었다.

|

양안 문제는 역사 문제

미국 싱크탱크 전략국제문제연구소(CSIS)는 2026년 중국이 무력통일을 위해 대만을 침공하고 미국이 군사적 대응에 나서는 상황을 가정하고 그 결과를 예측하는 시뮬레이션을 진행했는데, 결과적으로 대만을 수복하지만 미 전투기 900대 이상의 손실과 태평양함대

항모전단의 거의 대부분을 잃는 것으로 나왔다. 중국 인민해방군 해군은 궤멸적 수준의 타격을 입는 것으로 나왔다.

물론 이 시뮬레이션은 제한적 개념으로 실행되었다. 평택의 주한미군이 일본으로 이동해서 미군이 주일 미군기지를 교두보로 실행하는 전투이며, 미국이 중국 내륙에 대한 공격을 하지 않고 대만 인근 연해와 태평양에서 전투한다는 개념으로 실행되었다. 만약 한국이 주한미군기지에서의 미군의 즉각 참전을 허용한다면 한국 역시 인민해방군의 미사일 공격에 노출될 것이며, 한국의 반격으로 인해 서해와 인접 연안은 불바다가 될 것이다. 핵 문제가 한국 입장에서는 더 절박한 문제였으나 이제 미국은 때 북핵 문제는 남중국해 문제의 종속변수에 지나지 않는다고 보고 있다.

경제적 관점에서 보면, 중국의 침공으로 인한 양안 전쟁은 분명 중국에게 밑지는 장사다. 중국뿐 아니라 미국과 일본에게도 심대한 타격이다. 미국은 잃어버린 전력을 복구하는 데 상당한 시일이 소요될 것이며 태평양에 대한 주도권을 더는 유지하기 어려울 것이다. 중국 또한 미국의 제재를 당해야 하며 상실한 산업시설과 군 전력을 복원하는 데 엄청난 시간이 소요될 것이다. 양국에 상처뿐인 영광만 남을지도 모른다.

그럼에도 왜 중국은 '필요하다면 군사력을 동원해서라도' 대만을 병합시키려 할까. 단기적 관점에서 보면 당장은 중국에게 독(毒)이다. 하지만 역사의 관점에서 보면, 즉 한 세기 후의 중국을 생각하면

183

이는 중국에게 남는 장사다. 중국에게 대만 병합은 청나라 시절 잃었던 모든 영토를 수복하는 역사적 책무를 완수하는 것이며, 1927년에 시작된 내전을 공식적으로 종결지어 나라의 통일을 선포하는 일이다.

그리고 해상 패권의 측면에서도 제1도련선(오키나와 – 타이완 – 필리핀 – 보르네오)을 확보할 경우, 남중국해에서의 배타적 제해권을 확보해 항구적인 원료와 물자의 교역 루트를 지킬 수 있다. 중국에서 대만 병합은 백년 국치의 종료다.

에너지를 둘러싼 제3의 전쟁

인간의 갈등은 정치가 해결하지만, 정치의 갈등은 전쟁이 해결한다는 얘기가 있다. 집단과 집단, 그리고 나라와 나라가 전쟁에 이르게 되는 경위는 실로 각양각색이다. 전쟁의 요인은 다양했다. 가치관과 문명의 대립(해양국가와 대륙국가), 종교의 대립 (기독교와 이슬람교), 경제의 대립(선발 제국주의와 후발 제국주의), 이데올로기의 대립(민주주의와 전제주의), 민족의 대립(동서의 분쟁과 민족분쟁) 등의 전쟁이 있었다.

그렇다면 21세기 지금 러시아의 우크라이나의 침략 전쟁은 왜 발생했을까? 말할 것도 없이 '먹고사니즘'의 전(錢)이자 에너지 전쟁이며, 이들 배후에는 다국적 에너지 자본이 있다. 누가 푸틴에게 우크라이나를 침공하라고 했을까? 미국의 이라크, 아프가니스탄 침공이후 전쟁의 배후에는 반드시 장사꾼들이 있다는 것이 밝혀졌다. 군

산복합체의 요구든, 에너지 다국적 기업의 욕망이든.

러시아의 우크라니아 침공 이유는 표면적으로는 NATO의 동진을 저지하고 러시아가 오랜 숙원 사업이었던 크림반도 남부 회랑을 연결해 흑해함대의 진출권과 교역권을 확보하고자 한 푸틴의 '역사적 열망'으로 해석된다. 하지만 서방의 에너지 자본은 이 전쟁을 중대한 기회로 여겼을 것이다. 전쟁 앞둔 정부와 메이저 에너지 자본의 이해관계는 대체로 일치하는 경우가 많다. 미국의 이라크 침공 사유를 지금은 누구도 '대량살상무기 때문'이었다고 말하지 않는다. 석유를 둘러싼 미국의 에너지 전략과 이를 관철하는 에너지 자본의 욕망 때문이었다.

미국 중심의 서방 언론들은 철저히 자본가들 편이라 그들의 전쟁 소식은 걸러 들어야 한다. 자본이 메이저 언론들을 모두 소유하고 있어 다른 목소리를 낼 수 없기 때문이다. 러시아, 우크라이나, 서방 정치인, 서방 언론인, 유엔을 비롯한 국제기구 모두가 메이저 장사꾼들의 손아귀에 있다고 일찍이 조지 오웰이 말했다.

미국을 비롯한 서방 세력들은 몇 달 전부터, 아니 그보다 오래전부터 러시아가 우크라이나를 침공할 것이라는 것을 알고 있었고, 러시아 역시 시기만을 조절하고 있었다. 물론 우크라이나의 수뇌부도 알고 있었다.

미국의 감시 자원이 주목했던 것은 우크라이나 국경에 밀집한 수천 대의 장갑차 무리 중간 중간에 있는 혈액 공급 차량과 부상자 호송을 위한 구급 차량, 그리고 전투식량을 보급하기 위한 설비들이었다. 훈련과 실전을 구분하는 방법이기도 했다. 그래서 군사전문가들의 예측을 우크라이나와 미국의 정보당국은 신뢰하지 않았다. 그들은 오직 정찰위성이 실시간으로 전송한 이미지를 통해 러시아의 진격 루트와 침공 의사를 확인했다.

러시아와 독일이 발트해를 경유하는 천연가스관(노르트스트림)을 설치해 러시아의 천연가스가 저렴한 가격으로 유럽으로 흘러들자 트럼프 대통령은 노르트스트림 사업을 중단할 것을 재임 기간 내내 메르켈 총리에게 요구했다. 러시아·우크라이나 전쟁이 발발했을 때 독일은 우크라이나에 대한 군사 지원에 미온적인 입장을 보였다. 특히 미국이 러시아 석유의 구입량과 가격까지 통제하고 나서자 독일의 불만은 커져만 갔다.

2022년 9월, 유럽을 향하는 노르트스트림 1·2의 3개 해저 가스관이 손상되어 누출되는 사고가 있었다. 초기 유럽은 러시아의 자작극을 의심했다. 우크라이나를 지원하는 나토 가입국에 대한 협박으로 이해했던 것이다.

하지만 2023년 2월, 퓰리처상을 받은 적 있는 탐사보도 언론인 시모어 허시(Seymour Hersh)는 국방부 취재원을 통해 이것이 미국의 공작이었다고 폭로했다. 2022년 6월 해군 잠수부들이 '발틱 작전 22(벨톱스 22)'라는 가짜 '나토 합동훈련'을 하면서 원격 폭탄을 설치했고, 3개월 뒤에 이를 폭파했다고 주장했다. 2021년 12월 제이크

설리번 백악관 국가안보보좌관이 미군 합동참모본부와 중앙정보국 (CIA) 등 당국자들을 소집한 회의들에서 이와 같은 '작전'이 결정됐다고 밝혔다. 그는 그 이유를 이렇게 밝혔다.

> "조 바이든 미국 대통령은 그 가스관이 파괴되어 얻을 수 있는 전술적 이익이 있었다. 전쟁이 어려워져 독일이 우크라이나에 대한 지원을 철회하려는 결정을 막을 수 있었기 때문이다. (지난해) 11월이나 12월에 추위가 오면 우크라이나의 반격이 멈춰지고, 독일은 그 가스관을 개통해 가스 가격을 낮추라는 압력을 받았을 것이다. 이것은 당시 바이든 행정부가 직면하고 있는 가장 급박한 우려였을 것이다."

노르트스트림의 파괴로 미국산 셰일가스와 북해산 가스의 가격이 폭등했다. 2022년 겨울 유럽이 비명을 지르는 사이, 중국과 인도는 헐값에 러시아 원유와 천연가스를 수입할 수 있었지만 미국의 석유 회사들은 미국에서 선적할 때의 금액 대비 6배나 높은 가격으로 유럽 국가에게 가스를 팔았다.

결국 러시아 우크라이나 전쟁은 미국의 입장에선 유럽에 대한 러시아의 영향력을 차단하고, 팬데믹 시기 거의 고사 직전까지 내몰렸던 화석 에너지 기업에게 기사회생의 기회를 주는 계기가 되었다. 물론 백악관이라는 곳은 단일한 이익에 따라 움직이는 정치집단이 아니다.

바이든 미 대통령이 껄끄러웠던 사우디아라비아의 빈 살만 왕세자를 만나 '원유 증산'을 요청하는 동안, 미국 월가의 투자자들은 바이든 대통령의 행보가 못마땅하기만 했을 것이다. 인플레이션과 경기 침체는 바이든 행정부에게 치명적인 타격이 되겠지만, 에너지 기업의 입장에서 보자면 러시아·우크라이나 전쟁처럼 환상적인 기회는 흔치 않은 것이다. 러시아 원유에 대한 미 국부무의 제재가 지속될수록 이익은 눈덩이처럼 불어 갔다.

이 시기 폭등한 가스값으로 인해 노르웨이 국영석유기업은 천문학적인 수익을 얻었다. 2023년 노르웨이는 육군 전차 구매 사업에서 모든 성능 시험에서 좋은 평가를 받고 좋은 가격 경쟁력을 가진 한국의 K2 흑표전차 대신 독일의 레오파드2 전차 54대를 구입하기로 결정했다.

입찰이 끝난 후 노르웨이 방사청은 이례적으로 디브리핑을 열어 현대로템 관계자들에게 사정을 설명했다. 국방부의 결정에 반발하는 노르웨이 방사청의 성토가 언론에 보도될 정도였다. 노르웨이의 전차 구매 사업은 그만큼 정무적 판단이 우선되었다는 뜻이다. 나토 회원국인 노르웨이 입장에선 러시아·우크라이나 전쟁으로 독일로부터 막대한 이익을 보면서 한국산 무기를 살 순 없었을 것이다.

러시아는 개전 초기 10일이면 키이우를 함락하고 우크라이나에 친러 정권을 수립할 수 있을 것으로 보았다. 하지만 공격 종심을 지나치게 길고 넓게 구축해서 오히려 전력이 분산되고 보급로가 길어지면서 역공을 당했다. 하지만 우크라이나가 나토 회원국이 아니기에, 서방의 참전은 제한적일 것으로 보았다. 서방의 정치가와 언론의 비판 따위는 러시아의 핵심 이익에 견주면 별것 아니었다.

전쟁 없는 세상을 향한 유럽의 꿈

유럽인들은 제2차 세계대전을 겪으면서 유럽 통합의 필요성을 자각하기 시작했다. 당시 유럽은 두 차례의 큰 전쟁을 통해 극심한 피해를 입었고, 이어진 냉전으로 인해 유럽 대륙은 동서로 갈라졌다. 유럽은 더 이상 세계사의 중심이 될 수 없었다. 피폐해진 경제를 일으켜 세우기 위해 서로 협력해야 했고, 대외적으로는 냉전의 심화와 함께 이제 강대국의 지위에서 추락한 자신들을 외부의 적으로부터 방어하기 위해 뭉쳐야 했다.

유럽 통합에 대한 구상은 이런 조건에서 나왔다. 전쟁을 통해 모두가 몰락해 버린 뒤에야 유럽은 평화와 번영을 위한 공존과 협력의 필요성을 인식하기 시작한 것이다. 이처럼 유럽 통합의 출발점은 제2차 세계대전의 충격과 피해에서 비롯된 것이었으며, 그 목적은 무엇보다 전쟁의 재발을 막는 것이었다.

사실 유럽 통합에 대한 논의는 반(反)나치 저항단체를 중심으로 전쟁 중에 진행되었다. 전쟁이 끝나면서 많은 사회단체와 정치인들이 유럽 통합 문제에 관심을 나타내기 시작했는데, 영국의 처칠도 유럽 통합을 주창한 초기 인물 가운데 하나였다. 유럽 통합을 향한 구체적인 첫걸음은 흥미롭게도 미국의 영향으로부터 비롯되었다.

제2차 세계대전 중 연합군으로 독일에 맞서 싸우던 미국과 소련이 전쟁의 종식과 함께 갈라서면서 냉전이 시작되었고, 서유럽 국가들은 안보상으로나 이념적으로 대립되는 소련과 중국 및 동유럽의 위협에 직면하게 되었다. 이런 상황에서 세계의 지도국으로 등장한 미국은 전쟁으로 폐허가 된 유럽의 재건을 지원하기로 했다.

미국 기업의 수출 시장 확보와 경제 활성화를 위해서는 서유럽 국가의 경제 발전이 반드시 필요했기 때문이다. 또 한편 냉전이 시작되면서 서유럽 국가들이 소련과 공산주의의 위협에 대항할 수 있는 경제력과 안정적인 정치 체제를 구축하는 것이 중요하다고 판단했기 때문이다.

미국의 지원하에 결성된 유럽 국가 간 최초의 협력기구가 1948년 4월 발족한 유럽경제협력기구(OEEC: Organization for European Economic Cooperation)이다. 이 기구는 미국 국무장관 마셜이 1947년 6월 서유럽 전후 복구와 경제 부흥을 위한 미국의 지원 계획을 선언한 직후 이를 구체화하기 위해 만들어진 유럽경제협력위원회(Committee on European Economic Cooperation)를 발전시킨 것이다.

즉, 유럽경제협력기구는 미국의 유럽 부흥 계획인 마셜 플랜(Marshall Plan)에 의거하여 지원 물자의 합리적인 분배와 관리를 관장하기 위한 목적으로 설립되었다.

미국의 지원 계획은 애당초 중·동유럽을 포함한 전 유럽 지역을 대상으로 하는 것이었다. 따라서 영국의 베빈 외무장관과 프랑스의 비도(G. Bicdault) 외무장관은 1947년 소련의 외무장관을 초빙하여 이 문제에 대해 협의하고자 했다. 그러나 소련은 미국의 지원이 중·동유럽 국가에 대한 자국의 영향력 감소로 이어질 것을 우려하여 참여를 거부했고, 결국 소련의 영향권에서 벗어나 있는 서유럽 국가들만 마셜 플랜의 수혜를 보게 되었다.

1947년 7월 12일 파리에서 열린 회의에 서유럽 국가 중 패전국으로 연합군 4개국의 점령하에 있었던 서독과 독재자 프랑코의 지배하에 놓여 있던 에스파냐는 초대받지 못했다. 또한 회의에 초대받았으나 이웃한 소련을 의식하여 핀란드가 불참함으로써 모두 14개국 대표가 회의에 참여했다.

이 회의에서 지원 프로그램을 조직하고 관리할 상설기구의 설립이 합의되었고, 그 결과 유럽경제협력기구(OEEC)가 탄생하게 되었다. 유럽경제협력기구는 원래 원조 분배 등을 위한 각 국가별 협조와 합의의 도출을 목적으로 한다는 점에서 초국가적 기구라기보다는 정부 간 협의기구(inter-governmental body)의 성격을 지녔다.

더욱이 영국 및 북유럽 국가들의 주장으로 사안의 의결을 위해서 참가국의 만장일치에 따르도록 했기 때문에 OEEC의 활동엔 한계가 있을 수밖에 없었다. 그러나 실제로는 참여 국가 간 자발적인 상호 협력이 잘 이뤄져 합의를 막는 거부권 행사는 거의 이뤄지지 않았으며, 마찰의 우려가 있는 안건은 신중하게 회피되었다. OEEC의 활동을 통해 서유럽 각국의 경제적 상호 의존성이 높아졌으며 교역의 장벽도 다소나마 낮아졌다.

유럽 통합을 추진하는 이들에게 이러한 OEEC의 경험은 경제 협력과 같은 기능적 통합을 통해 유럽 통합을 이룰 수 있다는 가능성을 제시해 준 셈이다. OEEC는 마셜 플랜에서 계획한 3년의 기한을 넘어서 12년간 존속했고, 이후 유럽 내 다른 경제 협력 기구의 탄생과 함께 새로운 성격의 국제기구로 변화해 갔다.

독일이 중국에 건네는 통일 경험 ①

-독일의 통일 과정 고찰

　독일군의 항복으로 제3제국은 소멸하고 4개 연합국(미국·영국·프랑스·소련)이 점령 지역 통치를 분담하게 되었다. 독일 통치를 위한 연합국 관리위원회가 구성되고 소련 점령 지역 내의 베를린은 전승 4개국이 공동으로 통치했다.

　포츠담 회의는 독일을 분할하지 않고 어떤 형태의 중앙기구를 갖는 단일경제단위로 취급한다는 원칙을 선언했다. 동프로이센의 대부분을 소련이 영유하고, 오데르나이세강 동쪽의 독일 영토를 폴란드에서 관할하게 됨에 따라 독일은 베르사유 조약으로 확정된 영토의 23%를 상실하게 되었다.

　연합국의 독일 관리는 그리 순탄한 것만은 아니었다. 그 이유는 미국·영국·프랑스의 대(對)독일정책에 차이가 있었고 소련이 연합국의 입장을 무시한 점령정책을 강행했기 때문이었다. 1946년 영국과 미국의 점령 지역이 경제적으로 통합되자 소련과 프랑스가 이에 반발했으나, 1948년에는 서방 3개국 관할 지역에 통화개혁이 단행되어 단일경제체제가 구축되었다. 전쟁 중의 계획경제는 시장경제로 전환되었고, 마셜 플랜의 원조하에 경제발전의 기틀이 마련되었다.

소련은 마셜 플랜에 대한 보복으로 '베를린 봉쇄'를 단행했으나 서방측은 공수작전(空輸作戰)으로 이에 대응했다(베를린 봉쇄와 공수). 1949년 5월 23일 단일경제체제가 형성된 서부 지역에 헌법을 대신할 기본법이 공표됨으로써 '독일연방공화국'이 탄생했다. 연방의회는 기독교민주당의 아데나워를 초대 연방 총리로 선출했다.

기본법에 나타나는 서독 민주주의의 특색은 강력한 중앙집권 대신에 연방주의를 택하고, 대통령이 직접선거가 아닌 연방의회에 의한 간접선거로 선출된다는 점에서 잘 드러난다. 기본법의 안정기조는 연방공화국의 정치적 발전으로 이어졌다.

서방 지향적 외교 관계를 추구한 연방공화국은 1954년 서방 9개국과 파리 협정에 조인하고, 1955년에는 유럽 공동체(EC)와 북대서양조약기구(NATO)에 가입했으나 동독과 국교를 수립한 동유럽 국가(소련을 제외하고)는 승인하지 않는다는 '할슈타인 원칙'이었다.

서독은 통일 1년차인 1991년 22,797유로에서 통일 29년차인 2019년 43,499유로로 약 2배가량 성장한 반면, 동독의 경우 통일 1

년차 7,395유로에서 29년차 30,027유로로 4배 이상 급증했다. 단순히 1인당 GDP만을 비교하면 동서독에 불평등이 여전한 것 같지만, 성장률을 고려하면 동서독 차이가 서서히 좁혀지고 있음을 확인하게 된다.

통일 후 독일의 1인당 GDP, 실업률, 평등지수 등 여러 경제지표를 살펴보면 독일이 통일했을 때 한국의 소위 전문가들의 평가가 얼마나 왜곡되었는지 알게 된다. 천문학적 통일비용, 동서독 갈등과 반목, 경제적 불평등 등을 중점적으로 소개하며 독일 통일을 폄하했던 일들이 얼마나 부질없던 일인지를 이 지표들이 말해 준다. 독일 통일에 대해 혼란, 부작용 등 구더기 얘기만 할 것이 아니라, 독일이 이루어 낸 성과, 즉 장 담근 이야기가 진짜 독일 통일이 우리에게 주는 교훈임을 다시 한번 깨닫게 된다.

제2차 세계 대전이 끝난 뒤 미국 · 영국 · 프랑스 · 소련에 의해 동 · 서독으로 분할된 독일의 통일 과정은 크게 3단계로 구분해 살펴볼 수 있다.

1단계는 브란트 정부 때부터 콜 정부 때까지 20년 동안 지속된 동방정책에 대한 것이다. 동방정책의 추진 과정과 이를 둘러싼 각 정당 간의 논쟁과 선거, 데탕트 시기의 외교적 노력 등이 이에 해당한다.

2단계는 1989~1990년에 걸친 정치적 통일 과정이다. 동독혁명과 통일운동에서 동독 시민사회 세력이 목표로 내건 동독 민주화 및 재건 작업이 민족 통일 운동으로 진화해 나가는 과정과 함께 베를린 장벽 붕괴 이후 콜 총리의 '10개 항 프로그램' 제안 등 서독의 대응 과정이 여기에 포함된다.

3단계는 한 국가로 거듭나는 내적 통합 과정이다. 정치·군사·행정적 통합, 경제 통합, 동독 재건 과정에서 발생한 통일 비용과 이에 따른 후유증과 시행착오 등이 이에 해당한다.

1990년 10월 3일에 일어난 독일 통일은 냉전의 종식과 독일이 두 개의 분리된 국가로 분단된 역사적인 사건이었다. 통일은 독일과 더 넓은 국제 사회에 수많은 정치적·사회적·경제적 영향을 미치는 길고 복잡한 과정의 결과였다.

통일 과정은 1989년 베를린 장벽이 무너지고, 소련이 붕괴되면서 시작되었다. 이 사건들은 독일이 통일할 수 있는 기회를 제공했고, 얼마 지나지 않아 동독과 서독의 협상이 시작되었다. 양측 모두 정치적·경제적·사회적 문제를 해결해야 했기 때문에 협상은 복잡했다.

통일 과정에서 독일이 직면한 가장 중요한 도전 중 하나는 두 나라의 정치적·법적 제도의 통합이었다. 동독과 서독은 정치 구조가 매우 달랐고, 두 체제를 모두 수용할 수 있는 새로운 연방 정부를 만드는 작업은 벅찼다. 이 과정은 어려움을 겪고 있었던 동독 경제를 서구와 동등한 수준으로 끌어올리기 위해 상당한 투자를 필요로 했기 때문에 두 지역 간의 경제적 격차를 해결해야 하는 필요성으로 인해 더욱 복잡해졌다.

통일의 경제적 영향은 상당했다. 그 과정은 구동독에서 새로운 일자리와 기회를 창출한 동독 산업의 민영화를 포함했다. 그러나 통일 비용도 만만치 않았고, 독일 경제는 통일 후 몇 년 동안 어려움을 겪었다. 통일 비용을 관리하는 문제는 주요 정치적·경제적 전환에 대한 신중한 계획과 관리의 필요성을 강조했다.

통일 과정 동안의 또 다른 중요한 문제는 동독과 서독 사이의 문화적 가치관의 차이였다. 동독과 서독은 언어와 종교, 사회적 규범이 매우 달랐고, 이는 통일 과정에서 중대한 도전을 불러일으켰다. 이러한 차이를 극복하기 위해서는 신중한 협상과 타협이 필요했고, 애초에 이러한 차이를 만들어 낸 역사적 맥락을 다루고 인정하려는 의지가 필요했다.

독일의 재통일은 더 넓은 유럽 정치 지형에도 중요한 영향을 미쳤다. 이 과정에서 독일의 유럽연합 가입 협상이 필요했고, 독일 통일이 유럽의 힘의 균형에 미치는 영향은 상당했다. 이렇듯 통일 과정에 있어 유럽 국가들 간의 교류, 협력과 신뢰가 필요했다.

독일이 중국에 건네는 통일 경험 ②

- 유럽 국가들의 연합체 탄생

유럽연합(이후 'EU')은 1993년 11월 1일 발효된 '마스트리히트 조약'을 통해 창립되었다. 창립 당시 회원국은 12개국에서 28개국으로 확장되었다가 2020년 1월 31일 영국이 탈퇴하게 됨에 따라 2020년 1월 31일 11시부터 27개국[35]으로 줄어들게 되었다.

마스트리히트 조약을 통해 천명된 EU의 목적은 다음과 같다.

1. 단일시장과 단일통화 실현 등을 통한 경제 · 사회 발전 촉진

2. 공동안보방위정책이 포함된 공동외교안보정책 이행을 통해 국제

---

[35] 벨기에, 프랑스, 독일, 이탈리아, 룩셈부르크, 네덜란드, 덴마크, 아일랜드, 그리스, 포르투갈, 스페인, 오스트리아, 핀란드, 스웨덴, 사이프러스, 체고, 에스토니아, 헝가리, 라트비아, 리투아니아, 몰타, 폴란드, 슬로바키아, 슬로베니아, 루마니아, 불가리아, 크로아티아.

무대에서 EU의 위상 제고

3. 유럽시민권제도 도입을 통해 회원국 국민의 권리와 이익보호 강화

4. '자유 · 안전 · 정의'의 공동 영역으로 발전

또 1999년 1월 1일부터는 EU의 공식통화인 유로화를 도입했다. EU의 인구는 약 5억 명으로 세계 인구의 약 7%를 차지한다. EU 전체 GDP는 16조 6,130억 달러로 세계 총GDP의 약 24%다. EU 1인당 GDP는 약 3억 7,180달러다(2022년 기준).

EU의 주요 기구는 이사회(각료이사회, 정상회의), 집행위원회, 유럽의회, 유럽사법재판소, 유럽회계감사원 등으로 이 5개 기관이 EU의 핵심 기구다. 유럽중앙은행(ECB)은 유로존 통화정책을 담당한다.

EU의 상징기는 푸른색 바탕에 노란색 별 12개가 원형을 이루고 있는 모습이다. 유럽에서 12는 전통적으로 완벽함을 상징하는 것으로 12개의 별은 완벽함을 나타내며 회원국 수와는 무관하다. 1983년 유럽의회에서 공식 깃발로 채택했고, 1986년 유럽공동체 정상회의에서 유럽연합의 상징으로 채택했다.

|

영국의 브렉시트와 통합 위기

2016년 6월 23일, 영국은 EU 탈퇴에 대한 국민투표를 가결했다. 영국이 43년 만에 EU를 탈퇴하게 되면서 EU는 거센 위기를 맞게

됐다. 2008년 금융위기 이후 위기를 맞은 남유럽 국가들에 EU와 유럽중앙은행(ECB)이 거액의 구제금융을 주면서 EU 회원국의 재정분담금이 늘어나자 영국 내에서 EU 탈퇴 목소리가 나왔고, 이후 EU의 간섭, 난민·이민자 수용, 열악한 복지 재원 등의 문제가 가중돼 결국 영국은 EU 탈퇴를 선택했다.

이로 인해 EU에 회의적인 다른 EU 회원국들에서도 EU 탈퇴 목소리가 커질 것이라는 전망이 나오고 있다. 영국의 브렉시트 합의문은 2018년 11월 25일 EU 특별정상회의에서 승인되었다. 하지만 영국 하원에서 2019년 1~3월 3차례의 투표에서 브렉시트 합의안이 부결되었다.

이후 영국의 테레사 메이 총리가 사임하고 보리스 존슨 총리가 취임하는 등 정치적 파동을 거쳐 '브렉시트 합의안'이 영국 하원에서 2020년 1월 9일 의결되었다. 그리고 29일 유럽연합에서 영국의 탈퇴 협정이 비준되면서 1월 31일 탈퇴가 확정되었다. 이어 12월 31일로 예정된 전환 기간 중 무역협상이 이어진 끝에, 12월 24일 영국과 유럽연합의 무역협상이 타결되면서 브렉시트 절차가 마무리되었다.

경제통합을 가속화하고 정치통합을 위해 EC 12개국은 1991년 12월 유럽연합조약(마스트리히트 조약)을 체결하고 1993년 11월 유럽연합(EU)을 출범시켰다. EU는 EEC, ECSC, EURATOM을 포함하는 EC를 제도적으로 더욱 발전시키면서, 정치적으로 공동외교안보정책을 도입해 정치 분야의 통합과 내무사법 협력까지 포함하는 '3

주(three pillar)체제'의 공동체로 발전했다.

　1997년 6월 암스테르담 EU 정상회의에서 EU의 정치 · 내무사법 통합을 강화하고 중 · 동유럽 국가들과의 EU 확대 협상을 위해 '암스테르담 조약'을 채택하고 1997년 10월 서명했다. 1999년 5월 1일 이 조약이 발효돼 회원국 확대 교섭이 더욱 진전됐고, 경제 통합 차원을 넘어 정치 · 사회 분야에서의 통합을 위한 공동외교안보 정책과 내무 · 사법 분야에서의 통합 노력이 보다 적극적으로 추진됐다.

|

경제 통합을 넘어 '정치통합'을 꾀하는 EU

　2000년 12월 니스 정상회의에서 암스테르담 조약에 포함되지 못한 집행위의 규모와 구성, 각료이사회 투표권수 조정, 가중다수결에 의한 결정 분야 확대 등의 내용을 담은 '니스 조약' 채택에 합의하고 EU 회원국들은 2001년 2월 26일 이 조약에 서명했다.

　EU 회원국들은 경제통상 분야보다 상대적으로 뒤떨어진 정치통합 활성화를 위해 니스 정상회의에서 EU 확대 이후 EU 운영의 효율성 · 투명성 · 민주성 제고 등 EU 장래 문제 협의를 위한 정부 간 회의를 개최하기로 결정했다.

　2002년 12월 코펜하겐 EU 정상회의에서 중 · 농유럽 10개국의 EU 가입 협상이 완료돼 2004년 5월 1일 EU회원국이 25개로 확대됐다.

EU의 헌법 '리스본 조약' 발효

2004년 6월 EU 정상회의에서 헌법조약안에 대한 최종 합의를 도출한 후, 2004년 10월 29일 로마에서 헌법조약에 서명하고 비준을 개시했다. 그러나 2005년 프랑스와 네덜란드가 헌법 조약안에 대해 국민투표에서 부결한 이후, EU의 초국가성 관련 용어와 상징 등을 삭제하고 EU의 효율적인 기능을 살리는 방향과 상호 협조와 신뢰로 전개되었다.

이에 따라 베토벤 교향곡 9번 《합창교향곡》이 EU의 공식 국가(國歌)가 되었다. 《합창교향곡》이 상호 통합과 신뢰를 추구하는 EU의 정신을 가장 잘 드러낸다고 보았기 때문이다.

베토벤 교향곡 9번 합창교향곡

베토벤은 19세 때 청강생으로 다닌 본 대학에서 프리드리히 실러의 「환희의 송가(Ode to Joy)」를 읽고 감명받아 언젠가 그에 어울리는 음악을 만들겠다고 결심했다. 그리고 34년이 지나 그 결심을 실천에 옮겼고, 그 결과로 탄생한 곡이 〈합창교향곡〉이다.

합창교향곡은 4악장으로 구성되어 있고, 그중 4악장에서 우리 모두에게 익숙한 그 환희의 송가 부분이 나온다. 환희의 송가 부분만 보면 매우 밝은 곡으로 느껴지지만, 합창 교향곡 전부가 그렇지는 않다.

합창 교향곡을 초연했을 때 엄청난 환호가 쏟아졌지만 베토벤은 청력을 완전히 상실한 상태였기 때문에 박수 소리를 듣지 못했다. 알토 독창자가 베토벤을 청중 쪽으로 돌려세워 주자, 베토벤은 그제야 환호를 보내는 청중을 보며 합창교향곡이 성공했음을 알게 되었다.

베토벤은 청력을 완전히 상실하게 되면서 자기 내면의 소리에 의지하며 음악을 만들었던 것 같다. 그래서 오히려 현실의 제약을 뛰어넘은 곡을 만들 수 있었던 게 아닐까. 베토벤은 당시 악기로는 연주할 수 없는 음악들을 작곡해서 사람들을 당황시키기도 했다.

베토벤(1770~1827)의 교향곡 9번 D단조 작품 125 "합창" 4악장 쉴러의 "환희의 송가"는 베토벤 음악의 걸작 중에서도 최고의 걸작이다. 베토벤이 항상 공감하고 애독했던 독일의 위대한 시인 프리드리히 쉴러의 시(詩) 「환희의 송가」를 차용하여 긴 교향곡의 마지막 클라이맥스에 넣은 것은 괴로움을 극복하고 기쁨을 통한 인류의 보편적인 형제애, 그리고 "영원한 하나님의 사랑 안에서"라는 모토는 베토벤의 중심의 통합 사상과 그 이상을 보여 준다.

베토벤의 「합창」 중 환희의 송가

오 친구들이여! 이런 곡조들이 아닌,

좀 더 즐겁고 기쁨에 찬 노래를 부르자.

205

환희여, 아름다운 신의 광채여,

천상낙원의 딸들이여,

우리는 정열에 취하고

빛이 가득한 신의 성전으로 들어간다!

가혹한 현실이 갈라놓은 길들을

신비로운 그대의 힘으로 다시 통합시키는도다.

그리고 모든 인간은 형제가 되노라,

온화한 그대의 날개가 머무르는 곳에서.

위대한 하늘의 선물을 받은 자여,

진실된 우정을 얻은 자여,

여성의 따뜻한 사랑을 얻은 자여,

다 함께 모여 환희의 노래를 부르자!

그래, 이 땅에 단 한 명뿐일지라도

마음을 통합할 혼을 가진 자라면 환호하라!

그러나 그조차 할 수 없다면

눈물 흘리면서 조용히 떠나라!

모든 존재는 자연의 품속에서 환희를 마신다.

모든 선인도 모든 악인도

자연이 선물한 장미의 오솔길을 걷는다.

자연은 입맞춤과 포도나무를 주고,

죽음조차 빼앗아 갈 수 없는 친구를 주었다.

하물며 벌레 같은 사람조차 쾌락을 누리며

지혜의 천사 케루빔은 신 앞에 서 있다.

태양이 수많은 별 위를 움직이듯이

광활한 하늘의 궤도를 즐겁게 날듯이

형제여 길을 달려라,

영웅이 승리의 길을 달리듯이.

모든 사람은 서로 포옹하라!

이것은 온 세상을 위한 입맞춤!

형제여 별의 저편에는

사랑하는 아버지가 있으니.

억만 인들이여, 엎드리지 않겠는가?

창조주를 믿겠는가, 온 세상이여?

별들 뒤의 그를 찾으라!

별들이 지는 곳에 그는 있다.

모든 사람은 서로 포옹하라!

이것은 온 세상을 위한 입맞춤!

형제여 별의 저편에는

사랑하는 아버지가 있으니.

모든 사람은 서로 함께 살아라!

이것은 온 세상을 위한 입맞춤!

환희여, 아름다운 신의 광채여,

천상낙원의 딸들이여,

환희여, 아름다운 신의 광채여, 신의 광채여.

독일이 중국에 건네는 통일 경험 ③

– 융합의 연금술, 교류와 신뢰(Interchange & Trust)

　서독 내 적대적 대결 관계는 사민당–자민당 연립내각이 출범하면서 해빙 모드에 들어서기 시작한다. 이의 가장 결정적인 배경은 정권 교체였다.

　새 정부의 수반은 빌리 브란트(Willy Brandt, 1913~1992). 그는 수상 취임연설에서 대동독 무력 포기와 함께 화해 협력을 천명했다. 동독을 공식 승인하지는 않았지만 실질적으로는 승인한 셈이다. 소련과 폴란드와의 관계 정상화와 함께 동서독 관계회복을 위해 소련의 양해를 얻으려고 했다.

　'할슈타인 원칙'을 폐기하고, 1민족 2국가를 수용했다. 오데르 나이세강 동쪽의 녹일 영토 회복을 추구하지 않는다는 것을 전세로 동독과의 관계 정상화를 받아 1972년 11월 총선에서 과반수를 확보한 브란트는 같은 해 12월 10개 조에 달하는 동서독 기본조약인

(Grundlagenvertrag)을 체결한다.

기본조약의 핵심은 평화 · 인정 · 협력이었다. 제3조는 동서독의 갈등을 오로지 평화적인 수단을 통해서만 해결, 무력위협과 사용을 포기하는 데 합의하고 있다. 상대를 실질적으로 인정하는 의미에서 어느 한쪽도 국제사회에서 상대방을 대신하거나 대표하지 않도록 했다. 상대 지역에 상주 대표부를 설치하고 독립성과 자주성을 존중했다. 상호 이익을 위해 경제 · 학술 · 기술 · 무역 · 사법 · 우편 · 통신 · 보건 · 문화 · 스포츠 · 환경 등 여러 분야에서 교류하기도 했다.

브란트의 '동방정책'은 서독 국민들을 실망과 분노로 몰아넣기에 충분했다. "대동독 관계정상화가 과연 그럴 말한 가치가 있는 것인가?", "독일이 영구 분단지역으로 남아 공산진영의 영향력에 휩싸일 것이다."라며 분노했다.

또한 빌리 브란트를 나라의 위신과 국익을 팔아먹은 매국노로까지 치부한 의원들은 탈당까지 하는 사태를 연출했다. 1972년 국익 훼손의 이유를 들어 기민-기사당 연합은 브란트에 대한 불신임 투표를 단행했다. 불신임안은 단 2표 차이로 가까스로 부결되었다.

|

흔들리지 않은 대동독 정책과 교류협력이 통일의 밑바탕

야당과 일부 민족주의자와 동독을 무조건 반대하는 자들에게 「동서독기본조약」은 대단히 불만스러운 것이었다. 불만의 핵심은 기본

조약의 어디에도 '통일'이라는 단어가 없었던 것, 동독이 기본조약을 통해 얻을 이익이 서독보다 훨씬 더 클 것이라는 데 있었다. 기본조약이 체결되자, 야당은 의회에서의 비준을 거부했다.

바이에른주의 기사당은 끝내 헌법소원을 제기하기도 했다. 기본조약은 결과적으로 합헌 판정을 받았으나, 독일의 보수적인 사람들과 정적들은 브란트의 정책을 끝까지 비난했다. 인신공격은 물론 "좌파 공산주의자", "동독 퍼주기"와 같은 온갖 비난이 난무했다. 그럼에도 불구하고 브란트는 흔들리지 않고 동 · 서독의 교류협력을 추진해 나갔다.

그 후 '동서독기본조약'은 정권의 바뀜에도 불구하고 통일독일의 미래를 결정하는 밑바탕이 된다. 동독에게만 이익을 줄 것으로 생각했던 기본조약은 기우였다. 유엔 동시가입(1973. 9)과 본과 동베를린에 상주 대표부가 설치(1974. 5)되고, 1980년대가 되면서 동서독은 이웃 국가처럼 드나들 수 있었다. 검열 없는 편지가 오갔고, 65세 이상의 동독 사람들은 얼마든지 서독으로 올 수 있었다.

동독의 이탈 주민은 동독 정부로부터 자신이 가졌던 직업 증명서까지도 발급받을 수 있었다. 동독 주민들은 서독의 TV를 제한 없이 볼 수 있었다. 교류협력은 폭발적으로 늘었다. 교류협력은 서독사회에 대한 신뢰와 서독의 민주주의와 부에 대한 동경으로 성장했으며, 마침내 서독으로의 편입을 요구하는 통일로 이어지게 했던 것이다.

우리에게도 브란트와 같은 북한을 변화시킬 정책이 필요하다. 평화와 협력이 통일에 이르는 미래 비전임을 믿고 약속할 수 있는 용기와 결단의 지도자가 필요하다. 민족의 미래를 위해 길을 간 브란트와 같은 용기 있는 지도자가 나와야 한다. 다양한 목소리를 겸허하게 들으면서도 자신이 굳게 믿는 길을 묵묵히 가는 지도자가 진정한 민족의 앞날을 끌고 갈 것이다.

|

민족 문제를 정치 외교의 상위 범주로 취급했던 독일

독일 통일은 동독 정부의 '여행 자유화 발표'라는 우연적 해프닝으로 촉발된 듯 보이지만, 통일을 실현할 수 있었던 근원적 힘은 서독의 일관성 있는 '민족 정책'이었다. 당시 독일 통일을 견인했던 서독 정부의 정책에서 배워야 할 점은 바로 민족 문제를 국내 정치와 외교의 하위 범주로 이용하지 않는다는 것이다.

1969년 W. 브란트(Will Brandt) 총리가 동방정책(Ostpolitik)을 추진하여 이후 1972년부터 1987년까지 약 15년간 34차례의 협상을 통해 과학 기술·문화·환경 등에 관한 협력체계를 구축하고 동·서독 간 민간인의 교류가 이루어졌으며, 1982년 H.슈미트(Helmut Schmidt) 서독 총리의 동독 방문에 이어 1987년에는 E. 호네커(Erich Honecker) 동독 공산당서기장이 서독을 방문함으로써 통일에 일대 전기가 마련되었다.

이러한 우호적 분위기 속에서도 동독 측은 1민족 2국가라는 통일 이념을 자본주의적 민족과 사회주의적 민족이라는 2민족론으로 바꾸어 통일에 소극적이었던 반면, 서독은 1국가 2체제론을 내세워 독일 민족의 연속성과 통일성을 강조하였다.

독일의 통일에 가장 영향을 미친 것은 M. 고르바초프(Mikhail Sergeyvich Gorbachyov)에 의해 추진된 소련의 개방과 개혁정책 (Perestroyka)이다. 그 영향으로 동구권 국가들이 소련의 눈치에서 벗어나 민주화를 추진하게 되었고, 동독도 같은 행보를 걷게 되어 베를린 장벽이 무너지고, 첫 자유선거가 실시되어 L. 데 메지에르 정권이 탄생하는 등 통일의 기운이 무르익었다.

이를 틈타 서독이 막강한 경제력을 내세워 소련에 경제협력을 약속하고 주변 국가에 외교 공세를 펴면서 1990년 초부터 독일 통일의 외부 문제를 규정하기 위한 동서 양 당사국과 미국 · 영국 · 프랑스 · 소련의 이른바 2+4회담이 열려, 8월 말 통일조약이 체결되고, 9월에는 2+4회담의 승인을 얻어 10월 3일 마침내 민족통일을 이끌어 내게 되었다.

통일 후 1990년 12월 2일 전 독일 총선거를 실시하여 H. 콜(Helmet Kohl) 총리가 이끄는 통일정부 구성을 완성시켰다. 1989년 11월 9일, 당시 동독의 사회주의 통일당 선전담당 비서였던 귄터 샤보브스키는 기자회견을 통해 "앞으로 서독을 비롯한 모든 국가의 출국비자가 누구에게나 발급될 것"이라는 내각의 결정을 발표했다.

회견 도중 이탈리아 안사통신 리카르도 에르만 기자가 "언제부터냐?"고 물었고, 답변이 준비돼 있지 않던 샤보브스키는 즉흥적으로 "내가 알기로는 지금부터"라고 답했다. 사실 출국비자를 받기 위해서는 관련 기관의 절차에 따라 복잡한 신청과 심사를 거쳐야만 가능한 것이었다. 하지만 독일어에 서툴렀던 리카르도 에르만 기자는 "지금부터 동서독의 자유로운 왕래가 가능하다. 즉 통일이 되었다."라고 타전하게 된다.

이러한 기사로 인해 이탈리아 방송은 그날 모든 프로그램 방영을 중지하고, 속보로 독일 통일에 대한 내용을 대대적으로 보도한다. 이 내용을 접한 미국 · 영국 · 서독의 방송들도 앞다퉈 정규 프로그램을 취소하고, 이탈리아 통신의 보도를 인용해 독일의 소식을 전했다.

평소처럼 서독 방송을 시청하던 동독인들 또한 이 엄청난 방송을 접하게 되었고, 이를 확인하기 위해 수많은 동독인들이 베를린 장벽으로 몰려들기 시작했다. 베를린 장벽에 수많은 군중들이 몰려들자 당황한 동독 경비병들은 상부에서 받은 명령이 없다며 총을 겨눴는데, 그들은 오히려 "TV 안 보느냐?"는 꾸지람을 받게 된다.

혼돈에 빠진 경비대와 시민들 사이에 대치가 이루어졌고, 엄청난 인파가 몰리자 동독 수비대원들은 정말 통일이 된 것으로 알고 담을 넘기 시작했다. 이에 질세라 수십만 명의 시민들도 앞다퉈 담을 넘었고, 그것도 여의치 않자 직접 망치와 곡괭이를 들고 담을 부숴 버리기도 했다.

또한 자본주의 진영과 사회주의 진영을 갈라놓았던 베를린 장벽의 붕괴를 축하하기 위해 전 세계 사람들이 이곳으로 몰리게 된다. 하룻밤 사이에 수백만 동독 주민들이 서독으로 넘어가 자연스럽게 섞였고, 베를린 외에 다른 동·서독 지역의 경계선도 함께 무너져 내리게 된다. 이렇게 시민들의 손으로 베를린 장벽이 무너지고, 새로운 시대가 도래된 것이다.

장벽 붕괴 후 사실상 동독정부는 마비됐고, 결국 서독과 재빠르게 협상을 시작하여 1990년 10월 3일, 정식으로 독일의 통일을 선언하게 된다. 나비의 날갯짓이 거대한 폭풍을 일으키듯 한 기자의 실수가 한 나라의 운명을 바꿔 버리는 엄청난 결과를 만들어 낸 것이다.

4장

중국의
문화예술

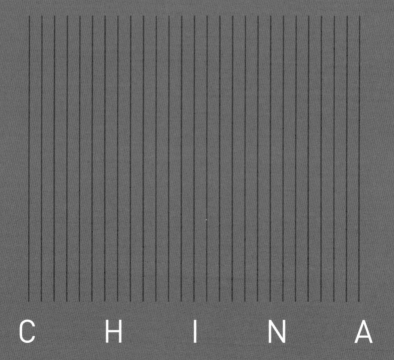

CHINA

중국의 종교와 문화예술

중국은 다(多)종교 국가다. 중국에 지배적인 종교는 없다. 중국의 오랜 문화와 전통의 영향으로 외국에서 유입된 종교는 중국 특유의 특징을 지닌 것으로 수용되곤 했다.

불교는 2,000년 전에 인도로부터 중국에 전해져 중국에서 가장 중요한 종교가 되었다. 중국에서 불교의 확산과 발전은 중국 문화의 개방성과 관용을 완전히 구현한 종교다. 불교는 인도에서 중국으로, 중국에서 한반도와 일본으로 전파되었다. 당(唐)나라 때 건진(建眞) 스승이 불교를 전파하기 위해 동쪽으로 일본으로 갔고, 신라 왕자가 불교를 전파하기 위해 중국 구화산(九華山)으로 갔다. 중국에는 33,000개 이상의 불교 사원과 약 200,000명의 승려와 비구니가 있다.

도교는 중국에서 유래했으며 1,700년 이상의 역사를 가지고 있고 자연과 우주의 조화를 강조하는 고대 중국의 철학이다. 창시자

· 진짜 중국 이야기 ·

는 노자(Laozi)이며 도교는 '세 가지 보물', 즉 겸손(謙)·연민(悲)·검소(儉)를 중심으로 한다. 중국에는 현재 9천 개 이상의 도교승지와 5만 명 이상의 도교 사원들이 있다.

이슬람교는 AD 7세기에 중국에 소개되었다. 중국에서는 회족, 위구르족 등 10개 소수민족이 이슬람교를 믿는다. 이 소수 민족의 총 인구는 약 2,100만 명이며 사원의 개수는 3만 5천 개 이상이고 무슬림은 4만 5천 명 이상이다.

천주교는 서기 7세기부터 중국에 여러 차례 전래되었으며, 1840년 아편전쟁 이후 대규모로 전해졌다. 중국에는 약 550만 명의 가톨릭 신자, 7천 명 이상의 성직자, 약 6천 개의 교회가 있다.

기독교(개신교)는 서기 19세기 초에 중국에 전파되었으며 아편전쟁 이후 대규모로 전해졌다. 중국에는 약 2,305만 명의 기독교인, 3만 7천 명 이상의 목사와 전도사, 2만 5천 개 이상의 교회, 3만 개 이상의 간이 집회소(모임 장소)가 있다.

중국 문화의 강점 중 하나는 종교적 신념으로 인한 사회적 갈등이나 배타적 차별이 없다는 것이다. 중국에 유입된 종교문화는 자연스럽게 중국의 전통 사상과 융합되어 중국인의 생활 문화의 일부가 되었다.

그래서 종교 분쟁이 없고 종교인과 비종교인은 서로 존중하며 조화롭게 생활한다. 이것은 중국 문화의 통합과 관용을 반영하는 오랜 중국 전통 사상문화의 융합과 포용정신의 영향으로 볼 수 있다. 중국이라는 나라는 하나의 가치 기준으로는 이해할 수 없을 만큼 다양한 민족과 문화가 섞여 발전해 왔다.

중국의 고민 중 하나는 강해진 경제력만큼 문화적 영향력도 확장하고자 하는 것이다. 중국의 소프트 파워를 확대하고 중국 내의 문화산업을 육성해 문화에서도 높은 수준을 구현하는 것을 매우 중요하게 생각한다. 중국은 한국과 마찬가지로 문화를 과학기술과 경제와 융합해서 새로운 성장산업을 육성하고자 한다.

2018년 공표된 '문화창의산업 혁신발전 촉진을 위한 의제'에서는 디지털 과학기술 혁신으로 디지털화된 문화산업으로의 확장을 주문하고 있다. 이후 2022년 5월 중국공산당 중앙위원회 판공청(中共中央办公厅), 국무원 판공청(国务院办公厅)에서는 '국가문화 디지털화 전략 실시에 관한 의견(关于推进实施国家文化数字化战略的意见)'을 발표하였는데, 내용의 핵심은 다음과 같다.

- 중국 문화의 데이터베이스 구축
- 플랫폼 확대로 2035년까지 과학기술 자주혁신
- 산업구조 고도화
- 녹색 성장, 환경 산업 성장
- 문화 소프트파워 강화
- 문화의 해외 진출

• 진짜 중국 이야기 •

이를 통해 고부가가치를 창출할 수 있는 산업구조 개편으로 선진 강국에 합류하겠다는 계획이다. 이를 위해 중국 정부는 문화산업 계획 및 정책 수립, 문화산업 시장체계 구축, 고품질 문화콘텐츠 제공 및 확대, 문화산업 디지털화 전략 실시, 새로운 문화 기업 및 소비 방식 발굴 등을 통해 관련 분야를 집중적으로 육성할 계획이다.

이와 함께 '2035년까지 문화강국 건설'을 위한 영역에서 문화산업의 디지털화 전략을 특별히 강조했다. 이를 위해 문화 공간 확대, 중점기업과 브랜드 육성, 문화 소비 수준 향상, 문화혁신 인재 육성 등의 영역에서 지원을 확대하고 있다.

중국, 유려하고 조화로운

베이징에서 50㎞ 지점에 저우커우톈(周口店)이란 곳이 있다. 오래된 동물 뼈가 많이 나와서, 인근 지역 주민들은 이 뼈를 갈아 먹으면 병이 낫는다고 생각했다. 일종의 만병통치약인 셈이다. 소문을 듣고 스웨덴의 지질학자 요한 안데르센이 발굴을 시작했다. 1921년 이곳에서 인류 어금니 화석 3점이 나왔다. 75만 년 전의 화석, 호모 에렉투스의 것으로 베이징 원인(北京原人)이라는 이름이 붙여졌다.

더 오래된 것도 있다. 윈난성에서 발굴된 호모에렉투스의 치아 연대는 무려 170만 년 전으로 거슬러 올라간다. 아프리카에서 출발한 호모 사피엔스가 중국에 도달하기 전에 중국에선 인류가 살고 있었다. 세계 4대 문명 중 하나인 황하문명은 동아시아에서 가장 오래된 인류의 문명이다.

황하에서 인류는 가축을 길들이는 데 성공했다. 이 과정에서 새로운 문명으로 진입할 수 있었다. 초기 인류 역사의 변곡점은 가축에 달려 있었다. 북아메리카에는 아시아의 황소와 같은 종이 넘어가지 못했고, 남아메리카 역시 마찬가지로 낙타과의 라마 정도만 넘어갔다.

소가 아니었기에 수레를 끌 수 없었고, 수레에 대한 요구가 없었기에 바퀴도 발명되지 못했다. 사람의 노동력과 가축의 힘을 동원한 인류 최초의 경운 농법은 이렇게 대륙의 문화 자체를 바꿔 놓은 것이다. 중국 문명은 근동을 지나 서구에 전해졌고, 적어도 산업혁명 이전까지 동양의 문명은 인류 문명의 정점에 있었다.

이렇듯 중국 문화는 동아시아 문화의 원천이고 동양 문화는 인류 문화의 주류 중의 하나이며, 서양문화는 함께 인류문화의 바다를 이룬다. 중국 문화는 5,000년이라는 긴 역사 속에서 세계 여러 문명과 충돌·교류·융합되어 왔다.

중국 문화의 특징은 절충적이라는 데에 있다. 이민족과 다른 유역의 문화에 관용적이다. 새로운 것은 늘 중국인에 의해 수용되었고, 이 새로움을 중국식으로 창조해 내며 중국은 발전해 왔다. 다민족 국가로서의 다양성과 포용성은 중국 문화의 특질이다.

중국의 전통문화는 중국인뿐 아니라 외국인에게도 신선한 영감을 주며 사람들을 연결하고 단합시켜 왔다. 특히 양안의 중국인이 같은 문화를 향유하고 역사를 공유하고 있다는 사실은 매우 의미 있

223

다. 제도가 다르지만 문화가 같은 중화인이며 동일한 역사를 공유하고 있다. 한국과 달리 양안의 중국인들은 교류를 멈춘 적이 없다.

중국의 통일 방법으로 제시된 일국양제(一國兩制)는 차이를 인정하되, 같음을 함께 향유하자는 중국 특유의 문화적 포용성을 상징하기도 한다. 중국의 넓고 심오한 중국 문화는 포괄적이며 그 본질은 백화를 피우고 백 가지 사상이 경쟁하는 것이다. 즉 "군자는 조화롭지만 다르다"는 중국의 철학을 반영한다. 일국양제라는 방식은 중국 통일을 위한 현실적이고 실행 가능한 해결책을 제공한다. 공동의 중국 문화는 대만해협 양안 통일의 기초이기도 하다.

중국 문명은 수천 년 동안 복잡한 문제에 대한 대처 방법과 유연한 사유의 힘을 주었다. 이것이 바로 중화 문명을 지탱해 온 내적인 힘이다. 역사가 중국인에게 가르친 것은 철학은 이런 것이다. 조화롭지만 개별적으로 존재할 수 있고, 각자의 작은 봉우리가 조화를 이뤄 산맥이 이어지는 장엄한 풍광. 당장 눈에 보이지 않는 것을 통찰하고 오래 기다려 큰 변화를 만들어 내는 힘. 중국 문화의 심오함은 이런 것들에서 연유하지 않았을까.

우한 비엔날레

　2022년 12월 28일 오전 '예이퉁구(藝以通昌) − 2022 우한비엔날레'가 우한미술관(금대관)에서 개막됐다. 우한시 상무위원인 우자오안(吳朝女) 시 선전부장은 개막식에서 축사를 하고 우한 비엔날레 개막과 우한미술관(금대관) 개관을 선언했다. 반년 가까이 진행된 이번 전시회에는 회화, 조각, 영상장치예술, 뉴미디어아트, 과학기술예술, 예술디자인 등 다양한 예술 형태로 국내외 예술가 285명과 팀의 우수예술작품 446점(팀)이 전시되었다.

　이번 전시의 총괄 큐레이터인 판디안 중앙미술학원 원장이 축하 동영상을 보내왔다. 판디앙은 영상에서 비엔날레가 도시와 경제는 물론 사회와 문화의 번영을 상징한다고 밝혔다. 우한 비엔날레에선 중국 예술의 시대정신을 담으면서도 국제 예술의 흐름을 수용한, 혁신적이고 탐구적인 작품들이 공개되었다.

전시는 '예술과 길목'을 주제로 문화양태, 도시형태, 혁신동태, 녹색생태, 개방자세의 5가지 주제로 진행되었다. 출품한 작가들은 세계·인간·자연·과학기술·문화 등 다형일체, 다형공생의 관계 명제를 심도 있게 탐구하여 혁신·녹색·조화·개방·통합의 새로운 발전이념을 구현하는 데 성공했다.

예술 서사를 통해 우한 이야기, 중국 이야기를 들려주는 동시에 중국뿐만 아니라 세계적으로 혁신적인 탐구 의의를 가진 시각 예술 성과를 입체적으로 정리했다. 주제인 '예이통구'를 표현하면서 학문적 깊이와 참신한 형식구조를 담보해 예술적 감수성이 높은 시각 대관을 구현했다.

|

삼관동전

우한비엔날레는 한양 월호(月湖)에 위치한 우한미술관(금대관), 한구(漢口) 100년 역사를 자랑하는 우한미술관(한구관), 우창(武昌) 노지호(野边的湖)에 위치한 합미술관(合美术馆) 3관에서 동시에 전시된다.

새로 개관한 우한미술관(금대관)은 2022 우한비엔날레의 홈구장으로 우한이 진타이대극장, 진타이콘서트홀에 이어 월호(月湖)에 조성한 또 하나의 대형 공공문화시설이다. 우한미술관(금대관)은 지하 1층, 지상 2층, 총 5개 전시장으로 총 1만㎡ 규모다. 이 중 A 전시장은 현재 중국 내에서 가장 높은 단일 전시장으로 공고가 23m가 넘어 대형 예술작품을 전시할 수 있는 여유를 제공한다. 이곳에서는 문화적 모습, 도시적 형태, 혁신적 역동성의 3가지 주제로 현대예술을 파노라마로 표현했다.

우한미술관(한커우관)은 주로 녹색 생태 부문을 전시하고 있으며, 총 55점(팀)의 작품이 전시되어 있다. 39명의 국내외 예술가들이 '그린 에코'를 주제로 회화, 조각, 장치, 디지털 영상 등 다양한 예술 언어로 풀어냈다.

노지호반에 있는 합미술관(合美术馆)은 '열린 자세'라는 주제의 전시를 맡고 있다. 58명의 아티스트를 초청해 80여 개의 작품을 전시하고, 세계적인 갤러리의 자원을 결합해 세계 다양한 문화 배경의 아티스트들의 작품을 선보인다.

|

5대 프로젝트

'문화행태'라는 테마에선 시오샤오펑이 큐레이터를 맡아 우한 문화발전에 초점을 맞추었다. 우한의 독특한 역사를 보여 주며, 문화 단계마다의 다양한 예술 형태를 유기적으로 표현한다.

'문화 예술 역사의 새로운 혁신'을 주제로는 60여 점의 국내외 예술 작품(회화, 조각, 설치예술, 뉴미디어 예술, 예술 디자인 등)으로 역사·문화와 관련된 풍부한 콘텐츠를 선보였다. 탐색적 최신 성과와 개성과 특색 있는 전시물을 겸비하고 있다. 상호작용을 강조한 영상장치 작품인 《우한 수건 세계》도 있고, 우웨이산(吳爲山)이 항역을 소재로 만든 대표적인 조각 《사명》도 있다.

- **출품 아티스트**

  바오페이, 천하오(판예디, 린뤄위, 장타오), 천지룽, 진견, 천젠, 청다리, 최진, 최경철, 딩제, 두수수수, 펑사오협, 푸중망, 한싼지, 허(천룽), 황화삼(가오이), 황쥔, 랑월, 이경, 이해병, 이학, 리내울, 리이펑, 류강, 류광, 류광, 류하이룽 (다이원렌, 주한시), 류윈취안, 류윈취안, 뤄칭룽, 뤄칭, 뤄칭, 뤄칭

'도시형태'는 우훙량이 큐레이터를 맡아 도시행동학, 심리학 등의 관점에서 다차원적 예술 제시 방식을 표현했고, 이를 통해 도시와 인간의 현재 상태를 투시할 것을 강조했다. 큐레이터들은 예술이 종종 감각적인 이미지로 나타나지만 예술가의 창조는 감성적인 체험만이 아니라 도시 운영처럼 조직적인 내적 질서와 논리 법칙을 내재하고 있다고 말한다.

그래서 '이리'를 세 테마의 공통점으로 삼는다. 우한을 사고의 원점으로 삼아 인류 도시 발전의 역사와 요소를 질료로 삼아 도시 풍경, 감정 세계, 가상공간의 세 가지 관점에서 구현했다. '물·리',

'정·리', '수·리'의 세 부분으로 나누어 표현했다.

　포스트 코로나 시대에 단절된 도시를 통합의 도시로 재탄생시키기 위해 우한미술관은 소장하고 있는 우한의 옛 사진뿐만 아니라 예술가 리진의 우한의 초기 문화를 주제로 창작한 중국화를 전시했다. 페이쥔 작가가 출품한 작품《재미있는 세상-우한》은 2019년 베니스 비엔날레 중국관 출품 설치작품이었던《재미있는 세상》의 연장선에 있는 작품이다.

· 출품 아티스트

ufo 미디어랩, 차이광빈, 천포양, 천수샤, 천용진, 천탁, 다이윈, 판펑, 방향, 페이쥔, 펑멍보, 펑샹, 펑위, 겅쉐, 한욱, 허시, 허샹위, 홍호, 황환, 건군, 커밍, 랑쉐보, 냉군, 리판, 리진, 리우지, 류위, 유정규, 루징위안, 판옌, 추맥, 산인여취, 탄탄/차오야니, 왕레이, 왕멍샤, 왕샤오양, 왕위양, 왕위양, 왕위안, 우젠

　'혁신역학' 테마는 추즈제(志志担任)가 큐레이터를 맡았다. 해외의 현대예술가들이 차세대 과학기술 혁명에 대응하며 사회 혁신에 뛰어들고 인류의 새로운 경험을 탐구하는 행동(실천)에 그 초점을 맞췄다.

　큐레이터들이 보기에 우한은 "비바람에도 끄떡없다"는 의지의 도시일 뿐만 아니라 "일파동 만파수(一波动, 万波随)"를 상징하는 혁신의 도시다. 또한 함께 사는 도시, 통합의 가치를 추구하는 도시이기

도 하다. 이 주제는 뇌의 작동 방식인 네 가지 차원, 즉 혁신의 근원에 중점을 두었다. '감각·행동'으로 인식을 논의하고, '구동·행동'으로 계산과 사고를 논의하고, '연계·행동'으로 생태를 논의하고, '책·행동'으로 게임과 행동을 탐구했다.

전시 작품은 상호작용과 체험을 강조했다. 데이터 처리, 인공지능, 열화상, 라이다 등의 신기술을 활용하여 기술과 미학을 결합한 혁신적인 결과를 표현했다. 그래서 관객들은 단순한 관람에 머무는 것이 아니라 참여하며 교감할 수 있었다.

- **· 출품 아티스트**

GIZMO랩, 모스컬프, 스칸랩 프로젝트, 슈퍼플렉스, 에릭 데메네, 마틴 데메네, 기타오카 아키라, 차오슈이, 천치, 하징, 천주정, 데브라 스와크, 펑치슝, 궈앵자, 한나 로웬, 하오타이란, 헨리 서그먼, 솔 슐레머, 가브리엘 리코, 리치칭, 리스 오토기나, 조슈아 포트웨이, 연속이대, 린신, 룽신, 룽팡, 뤼밍뤼.

'녹색 생태' 테마는 성비가 큐레이터를 맡았다. 녹색 생태는 하나의 자연 명제일 뿐만 아니라 중요한 문화 명제이기도 하다. 시각예술 방식으로 인간과 자연의 조화로운 통합을 위한 실천을 그려 냈다. 이를 통해 자연생태에 대한 관심을 불러오고 자연과 인문이라는 두 개의 생태계의 만남을 통해 지속 가능한 사회에 대한 단서를 던져 주었다.

· 진짜 중국 이야기 ·

전 세계가 직면한 환경 문제를 다뤘지만, 한편으로 지역의 노력과 예술적 표현의 현지화에도 많은 관심이 모아졌다. 총 39명의 국내외 아티스트가 참가한 이 영역은 '금', '목', '물', '불', '흙'의 5개 부문으로 나누어 진행되었다. 이 중 수젠궈(作品建國) 작가의 조각품은 '금(金)'판의 대표 격으로 미술관 입구에 안치됐고, 양신광(用心廣) 작가가 모형나무 7,000그루로 만든 《그린 오솔길》은 관람객을 자연스럽게 중앙으로 유도하며 전시의 일부로 구성되었다.

• 출품 아티스트

아나이스 돈드, 앤디 레티넨, 안토니오 나바로, 올레그 미하일로프, 바바라 메드슨, 쩡젠룽, 첸룽신, 홍영만, 장원펑, 쿵더린, 천옌, 후취안, 황예, 황위강, 자오싱타오, 캉젠페이, 리린린, 리무, 류젠화, 류상잉, 펑셴펑, 첼릴 호츠보그, 런첸, 수잔 안커, 수젠, 탄다리, 탕난난, 탕징춘, 왕징춘, 오관우, 쉬관우, 샤오관우, 샤오관우, 샤오

798 예술지구 - 베이징의 랜드마크

1950년대에 설립된 '798 예술지구'는 원래 소련의 지원을 받아 동독이 설계·건설한 총 면적 110만 제곱미터의 핵심 산업 프로젝트였다. 798은 공장의 코드명이었다. 1990년대 들어 798 공장 지역이 점차 폐쇄되면서 공장지대였던 이곳은 상하이의 계획에 따라 예술가들의 거처가 되었다.

시가 이 공간들을 예술가들에게 저렴하게 임대하면서 예술가들이 정착하기 시작했다. 예술가들은 시 외곽의 오래되거나 버려진 공장과 창고를 개조하여 갤러리·스튜디오·화랑 등의 예술 공간으로 활용했는데, 이것이 바로 베이징의 798 예술구가 탄생된 배경이다.

2002년부터는 베이징 전역은 물론 외부에서도 아티스트 스튜디오와 현대 미술 기관이 이곳에 모이기 시작했고, 점차 예술 커뮤니

티를 형성해 갔다. 2008년의 베이징 올림픽으로 798 예술구는 더 많이 알려졌고, 올림픽 효과로 인해 798 예술구는 정부와 각계의 지지도 얻게 되었다.

'798 아트디스트릭트'에는 갤러리, 디자인 스튜디오, 미술 전시 공간, 아티스트 스튜디오, 패션 매장, 레스토랑, 바, 애니메이션·영화 및 TV 미디어, 출판 및 디자인 컨설팅 등의 400개 이상의 문화 기관이 운집해 있다.

北纬29°58的星星(Stars at 29°58 N, 29°58 N의 별)

수묵화, 60×60×12, 조명 전시물(Ink on Paper, Light Media), 2022

왕소우챵, 우허우산(纸本水墨、光媒介)

아세아예술센터 예술가 왕소챵(북위29도58의 별)의 초청으로 (예이통구—2022우한비엔날레) 참석, 현재 국무원 특별수당을 받는 예술가이다. 광동 미술관 관장, 교수, 박사 과정 감독, 중국 예술가협회이사, 광동 예술가협회 부회장, 중국국립예술아카데미 연구원 / 박사 지도교수로 활동 중이다. 중국국립회화아카데미 연구원과 광저우미술아카데미의 시각예술 및 디자인학교 학장을 역임한 바 있다.

광동 100주년 미술전 기획에 참여했으며, 2017년 광저우 이미지 트리엔날레, 2021년 광저우 이미지 트리엔날레, 제6회 광저우 트리엔날레의 총괄 기획자이자 문서 전시 큐레이터이다. 2008년에는 광

둥성 대학의 "천백십 프로젝트" 훈련 대상으로 선정되었고, 2009년
에는 광둥성 "십십만" 프로젝트의 훈련 대상으로 선정, 2013년에는
광저우 미술학원 교원으로 되었다. 2017년 아이디어 발상을 위한
'광둥 특별지원프로그램'으로 선정되어 '중국 예술파워 리스트'에 이
름을 올렸다. 2회 연속 National Fine Arts에서 선정한 '올해의 인물'
에 올랐다. 2022년 제22회 나폴리 문화고전상 작가상을 수상했다.

东渐(Eastward, 동쪽으로)

유화. 183x30. 2022

陈淑霞(천수샤)

아시아아트센터의 작가 천수샤는 "둥잰", "예이통구-2022 무한 비엔날레"에 초대되었다. 1963년생으로 저장성 원저우에서 태어나, 1983년 중앙미술학원을 졸업하였다. 현재 중앙미술학원 예술경영 교육학부 교수 및 박사과정 지도교수로 재직 중이다.

旭子在家(집의 서자)

캔버스에 유채, 140×150, 2010

罗德尔 · 塔帕雅(로델 타파야, Rodel Tapaya)

1980년 필리핀 몬테반에서 태어나 현재 필리핀 불라칸에서 활동 중이다. 최근 필리핀에서 가장 주목받는 아티스트로 미술계 최고상인 'Nokia Art Awards'를 수상한 것을 계기로 뉴욕의 Parsons School of Design과 핀란드의 헬싱키 대학교에서 집중 드로잉 과정을 수강했고 필리핀대학교 미술아카데미를 졸업했다.

필리핀 민속 신화와 구전 이야기에서 특정 원형을 차용하고 자신의 시각적 언어를 확장하고 창조하는 데 능숙하다. 타파야의 작품은 마법 같은 상상력으로 가득 차 있으며, 그는 모든 신화를 재검토하고 문화적 소속감을 반성하며 새로운 예술적 개념으로 해석하여 대중 문화와 고대 신화를 텍스트로 생성한다.

晨曦(새벽)

유화. 110×150. 2022

陆庆龙(루칭룽)

1964년 장쑤성 셰양에서 태어나 난징사범대학을 졸업했다. 현재 난징대학 예술학부 부학장 겸 교수로 있으며, 중국예술가협회 이사, 중국예술가협회 수채화 예술위원회 부회장, 전국 주요 주제 예술 창작 위원회 위원, 장쑤 예술가 협회 부회장, 장쑤 유화 협회 부회장, Jiangsu Painting and Calligraphy 아카데미 회장으로 활동 중이다.

제11회 전국미술전람회 중국미술상 금상, 제13회 전국미술전람회 중국미술상 은상, 제10회 전국미술전람회 동상, 제11회 전국미술전람회 "2015년 중국 금령백화전(유화)" 금상 및 "제1회 전국 구아슈전" 예술위원회 후보상을 수상하였다.

云水纵横(구름과 물)

중국화(종이에 수묵화). 180×98. 2019

牛克诚(뉴커청)

1961년 랴오닝성 푸순시 출신으로 1983년 북경대학교 역사학과 졸업 후, 1987년 중국사회과학원 대학원 역사학과를 졸업하였다. 일본 도쿄대학교 교양학부, 현재 중국국립예술원 중국화학원 학장으로 있다.

盛世花开系列−逸(Blooming Blossoms Series−Yi)

중국화(캔버스에 진한 색), 110×80, 2022

吴霜(우쌍)

1988년 예술가 집안에서 태어나 장쑤성의 동타이이며 난징에서 자랐다. 마카오 폴리테크닉 인스티튜트에서 수학, 2011년 난징 예술대학교 미술 아카데미 서예과를 졸업했다. 현재 리커란 회화학원 청년화학원 특선 화가, 난징 청년작가협회 이사, 베이징 하이뎬구 서예가협회 회원이다.

난징, 마카오, 정저우, 베이징에서 연달아 개인전을 열었고, 그의 작품은 이탈리아 베네벤토 시 정부, 난징미술관, 마카오 폴리테크닉 연구소, 정저우 유토피아 및 기타 기관에서 수집되었다.

楚居图(초주도)

중국화(종이에 수묵화), 96×178, 2022

熊红刚(슝훙강)

1959년 구이저우 출신으로, 1988년 구이저우민족대학 미술학과 중국화과를 졸업, 2005년 중국국립화학원 롱루이가오 세미나 졸업하였다. 현재 중국국립예술 아카데미 중국회화아카데미 이사이며 중국예술가협회 회원이다. 제7회, 제8회, 제9회 국전 입선, 제3회 국전산수화 동상을 수상하였다. 1997년 중국문예계연합회와 중국미술가협회가 선정한 '중국 화단 100대 명사'로 선정되었고, 1999년에는 "중국 세기의 빛"에 지명, China Culture News와 같은 10가지 이상의 그림 컬렉션을 출판했다.

梅花香接千古魂(매화 향기는 영원한 영혼을 연결)

중국화(종이에 수묵화). 120×240. 2022

徐福山(서복산)

1970년 산둥성 핑두에서 태어났다. 베이징 조양구 인민대표대회 대표, 문학박사, 현 문화관광부 문화예술출판원장, 중국예술원 자유화학원 원장, 부원장 문학과 예술 아카데미의 예술 훈련 센터 소장, 국가 일류 예술가, 중국 예술 아카데미 박사, 대학원 교사, 중국 국립 회화 아카데미 연구원, 난카이 대학교 시간 교수, 회원 중국 예술가 협회, 중국 시 학회 회원으로 활동 중이다. 주요 연구 방향은 서예, 중국 전통 회화 및 시 창작이다.

국내외에서 10회 이상의 개인전을 열었으며, 국내외 다양한 기관 및 학과에서 100회 이상의 전시회에 참가하였다. 그의 작품은 인민대회당, 공태자 저택 박물관, 궈머뤄기념관, 메이란팡기념관 등 기관에서 수집되었다.

長江印象(장강의 인상)

중국화(종이에 수묵화). 141×365. 2022

徐惠君(쉬후이쥔)

1973년 강소성 장음시 출신으로 난징대학교를 석사 졸업하였다. 민주동맹 중앙미술학원 부회장, 민주동맹 중앙문화위원회 부주임, 중국예술학원 연구원, 중국 예술 아카데미의 화가, 중국 예술가 협회 회원, 중국 세심한 회화 협회 회원, 룽보우자이회화 아카데미 석좌 교수, 광명일보청년연합회 부회장으로 활동하고 있다.

长江画廊(장강화랑)

중국화(종이에 수묵화). 142×366. 2001

周韶华(저우 샤오화)

1929년 10월 산둥성 룽청시 스다오에서 태어나 현재 우한에 거주하고 있다. 1950년 중원대학교 미술학과를 졸업, 후베이성 미술학원 학장과 후베이성 문학예술계연합회 회장을 역임했다. 현재 중국 국립회화아카데미평의회 회원이며 중국과학기술대학교, 호북미술학원, 산동예술학원, 일본나고야예술대학교 등 객원교수, 시안미술학원, 산동공예학원 명예교수를 역임하였다.

굴원문학예술창작상을 수상했고, 2008년에는 후베이성 인민정부로부터 '평생공로예술가' 칭호를 받았으며, 2015년에는 2014년 '중국문화인물'로 선정됐다.

수년 동안 중국 회화이론과 혁신 연구에 전념한 그는 중국 회화 스타일의 요람이자, 이론적 구축자다.

단행본

• 조영남. 『중국의 꿈- 시진핑 리더십과 중국의 미래』. 민음사. 2015.
　　.『중국의 통치체제- 1 공산당 영도체제』. 21세기 북스. 2022.
　　.『중국의 통치체제- 2 공산당 통제기제』. 21세기 북스. 2022.

• 김명호.『중국인 이야기 1』. 한길사. 2012.
　　.『중국인 이야기 2』. 한길사. 2013.
　　『중국인 이야기 3』. 한길사. 2014.
　　.『중국인 이야기 5』. 한길사. 2016.
　　.『중국인 이야기 7』. 한길사. 2019.
　　.『중국인 이야기 8』. 한길사. 2022.

• 김용옥.『도올, 시진핑을 말한다』. 통나무. 2018 증보.

• 노신 외. 임대근 역.『격동의 100년 중국』. 일빛. 2005.

• 대니얼 A. 벨. 김기협 역.『차이나 모델 중국의 정치 지도자들은 왜 유능한
가』. 서해문집. 2017.

• 롼밍. 이용빈 역.『덩샤오핑 제국 30년』. 한울아카데미. 2016.

• 마크 레빈슨. 최준영 역.『세계화의 종말과 새로운 시작』. 페이지2북스. 2023.

• 막스 베버. 이상률 역.『직업으로서의 정치』. 문예출판사. 1994.

• 성균관대학교 성균중국연구소.『칭;니 헨드북』. 김영사. 2018.

• 스위즈. 박지민 역.『중국을 잘 알고 있다는 착각』. 애플북스. 2021.

• 스콧 로젤 · 내털리 헬. 박민희 역.『보이지 않는 중국』. 롤러코스터. 2022.

• 스테파노 만쿠소. 임희연 역.『식물, 국가를 선언하다』. 더숲. 2023.

• 쏜거. 김향 역.『중국의 체온』. 창비. 2014.

• 임명묵.『거대한 코끼리, 중국의 진실』. 에이지21. 2018.

• 중국근현대사회학.『중국근현대사 강의』. 한울아카데미. 2021.

• 하버드대학 중국연구소. 이은주 역.『하버드 대학 중국 특강』. 2018.

• 현이섭.『중국지 上 중원축록편』. 인물과사상사. 2017 개정.
  .『중국지 中 건국대업편』. 인물과사상사. 2017 개정.
  .『중국지 下 대란대치편』. 인물과사상사. 2017 개정.

• 휴 화이트. 이제훈 역.『중국을 선택하라』. 황소자리. 2014.

• 逄先知 · 金冲及.『毛澤東傳 上)』. 中央文獻出版社. 2003.
  .『毛澤東傳 下)』. 中央文獻出版社. 2003.

• 진짜 중국 이야기 •

언론기사

- "김대중 VS 리콴유의 '아시아적 가치' 논쟁". 『직설』. 2015년 4월 7일자.

- "자신만만 중국, 이제는 '충칭 모델'이다". 『시사저널』. 2011년 12월 12일자.

- "중국의 붉은 10년, 문화대혁명". KBS. 2006년 10월 28일 방영.

- "중국 정치모델 논쟁 1 '중국의 소로스 에릭 리'". 『중앙일보』. 2013년 8월 17일자.

- "Going Swimmingly". 『The Economist』. 2011년 04월 23일자.

- 「毛澤東; 秦始皇比孔夫子偉大」. 『人民網』. 2015년 10월 15일자.

- 「迫不及待的强國夢; 毛澤東擬定'超美'時間表 胡鞍鋼」. 『人民網-人民論壇』. 2011년 5월 26일자.

- 「1978年 鄧小平到處 '點火'; 毛主席究竟哪里偉大」. 『人民網』. 2014년 3월 18일자.

- 「毛澤東爲何下定決心將華國峰作爲自己最後選定的接班人?」. 『人民網-文史頻道』. 2010년 12월 10일자.

· 참고 자료 ·